T0110051

Printed in the United States
By Bookmasters

سيكولوجية اللعب
وأثرها في تعلم الأطفال

الدكتور نبيل عبد الهادي

دكتوراه علوم تربوية

دكتوراه دولة تربية

دار وائـل للنشر

الطبعة الأولى

2004

رقم الايداع لدى دائرة المكتبة الوطنية : (2003/8/1709)
155,4
عبد الهادي ، نبيل
سيكلوجية اللعب وأثرها في تعلم الأطفال /نبيل عبد الهادي . عمان: دار وائل للنشر والتوزيع ، 2003
(240) ص
ر.إ. :(2003/8/1709)
الواصفات: سيكولوجية الأطفال / الطب النفسي للأطفال / نمو الطفل / علم النفس التربوي / التعلم
* تم إعداد بيانات الفهرسة والتصنيف الأولية من قبل دائرة المكتبة الوطنية

****

ISBN 9957-11-331-3 (ردمك)

* سيكلوجية اللعب وأثرها في تعلم الأطفال
* الدكتور نبيل عبد الهادي
* الطبعـة الأولى 2004

دار وائـــل للنشر والتوزيع
* الأردن - عمان - شارع الجمعية العلمية الملكية - مبنى الجامعة الاردنية الاستثماري رقم (2) الطابق الثاني
هـاتف : 00962-6-5338410 - فاكس : 00962-6-5331661 - ص. ب (1615 - الجبيهة)
* الأردن - عمـان - وسـط البـلد - مجمـع الفحيص التجـاري- هـاتف: 00962-6-4627627
www.darwael.com
E-Mail: Wael@Darwael.Com

الإهداء

إلى مَنْ سيحملون راية العلم والاجتهاد والتصميم والإرادة من بعدي، إلى أبنائي سيف وديانا وشهد وساره، وإلى طلبتي الأعزاء، متمنياً لهم النجاح والتوفيق

المحتويات

الوحدة الرابعة

مؤثرات اللعب

الوحدة الثانية عشرة

أهمية اللعب في حياة الطفل من الوجهة النفسية التربوية

فهرس الجداول

فهرس الاشكال

بسم الله الرحمن الرحيم

مُقَدِّمَة

ما برح اللعب يشكل جانبا مهما في حياة الأطفال، لاسيما وأنه يـؤدي إلى تفعيل نشاطاتهم في حياتهم اليومية، ولهـذا يُعـد مـن أساسيـات التطور النمائي للطفولة، فهو يؤدي إلى المتعة والاستمتاع من خلال ممارسته. وتشير دراسات عدة وبالذات دراسة "سوزناميلر" بأن للعب أهمية في جعل الأطفال قادرين على التكيّف والانسجام مع أصدقائهم القريبين منهم في السن؛ ولهذا يعد اللعب من ضروريات الحياة بالنسبة للطفل، وتأكيداً على ذلك جاء هذا الكتاب في ثلاث عشرة وحدة لتوضح هذا المفهوم.

تطرقت **الوحـدة الأولى** إلى تعريـف اللعـب والمحاولات الأولى في تفسيره. **والثانية** تناولت كلاً من مفهوم اللعب ونظرياته، وبالذات النظريات الزمنية التي حاولت تفسير هذه الظاهرة. أما **الثالثة** فتطرقت إلى مراحل نمو اللعب التي تعد ذات أهمية في تفسير تطور اللعب لـدى الطفل الإنسـاني. **والرابعة** تطرقت إلى مؤثرات اللعب، ممثلا ذلك في الصحة والنمـو الحركي والذكاء والجنس والبيئـة، والمسـتوى الاجتماعي والاقتصادي لأسرة الطفل، واتجاهات الوالدين نحو اللعب. أما الوحدة **الخامسـة** فجاءت تبين علاقة اللعب بالاستطلاع، حيث احتوت عـلى عـدة نقاط كان مـن أهمهـا علاقة الاستطلاع بالملل والتنوع ووسائل التنظيم الـذاتي. والوحدة **السادسـة** كانت بعنوان تطور اللعب الاجتماعي؛ إذ اشتملت عـلى تطور اللعـب الاجتماعي وكذلك عمليـة المشـاركة والمنافسـة في اللعب وتعريـف كـل مـن اللعـب الجماعي وأهميته، وكذلك أهمية اللعب التنافسي. أما **السابعة** فتطرقت إلى

موضـوع اللعـب والتقليـد والتفسـيرات النظريـة لهـذا السـلوك كالتقليـد والنمذجة، والعوامل المؤثرة فيهمـا، والنموذج وخصائصـه والمقلد وسـلوكه، والتعليم عن طريق الملاحظة. في حين تناولت الوحدة **الثامنة** العوامل المؤثرة في التقليد ممثلا ذلك في المحاكاة وخصائصها وسماتها وأمثلة عـلى ألعـاب المحاكاة ولعب الأدوار وتعمق الشخصيات وخصائص لعب الأدوار واللعب كأداة تقليدية. ثم تطرقت الوحدة **التاسعة** إلى تنظيم في كل مـن ريـاض الأطفال والمرحلة الابتدائيـة والمـدارس العليـا، ممثلا ذلك في ألعاب ريـاض الأطفال وتنظيمها. أما الوحدة **العاشرة** فتطرقت إلى موضوع استغلال اللعب والعلاج النفسي ممثلا ذلك في بناء الشخصية والتخلص من التوتر عن طريـق اللعب، واكتساب المعرفة والتخصص المهنـي، ثـم جـاءت تصنيف الألعاب حسب قيمتها التربوية.

وتناولـت الوحدة **الحاديـة عشرـة** أثـر اللعـب في تنميـة الجوانـب المختلفة لدى الأطفال كالتفريغ الانفعالي، واللعب وقيمه المهارية، وخصائص لعب الدور لدى الطفل باستخدام اللعب كأداة لتشخيص بعض الاضطرابات النفسية. أما الوحدة **الثانية عشر** فتطرقت لأهميـة اللعب في حيـاة الطفـل من الوجهة النفسية التربوية، ممثلا ذلك في اللعب كأداة تـرويض، واللعب كأداة اكتشاف واللعب كأداة تعبير، ودور اللعب في عملية التخيّل.

وأخيرا كانت الوحـدة **الثالثة عشر** ـ بموضـوع نمـاذج مـن الألعـاب وموادهـا ممثلا ذلك في الألعـاب الداخليـة والخارجيـة وقيمتها التربويـة، والألعاب الفعلية والاجتماعية ونماذج من الألعـاب التي تمـارس في الأردن، ممثلا ذلك بالألعاب الإيهاميـة التربوية والثقافية، ثـم وضعنا لكل وحدة تمهيداً وخلاصة وقائمة بمراجعها إضافة إلى خاتمة عامة للكتاب.

ومن خلال عرض ما سبـق، يمكن القول إن هـذا الكتاب يسعى إلى تحقيق عدة أهداف مـن أهمها تعريـف القارئ بأهمية اللعب، وتحديـد أنواعه المختلفة، والتعريف بخصائصه، ونماذج مـن الألعاب التي تمـارس في الأردن.

كما يُعرف القارئ بأهم الموضوعات التي جاء بها الكتاب فيفيد منها في تحديد مفاهيم استراتيجيات تؤدي إلى تفعيل دور كل من المعلم والمتعلم من خلال ممارسة اللعب.

وختاماً، أقـدم شـكري وتقـديري الى كـل مـن سـاهم في إخـراج هـذا الكتاب إلى عالم النور، وأخص بالذكر أخي العزيز وائل أبو غربيـة نـاشر هـذا الكتاب إضافة إلى الجهاز الفني واللغـوي الـذي أخرجـه عـلى هـذه الشـاكلة فلهم مني خالص الشكر والتقدير.

والله ولي التوفيق

المؤلف
د. نبيل عبد الهادي
عمان

الوحدة الأولى

تعريف اللعب والمحاولات الأولى لتفسيره

- تمهيد
- تعريف اللعب
- أصناف اللعب
- المحاولات الأولى التي فسرت اللعب (أفلاطون، أرسطو، شالز ولازاروس)
- نظرية الطاقة الزائدة
- النظرية التلخيصية
- ملخص النظرية التلخيصية
- نظرية الإعداد والممارسة
- اللعب بوصفه حاله
- التطبيقات التربوية
- خلاصة
- المراجع

الوحدة الأولى
تعريف اللعب والمحاولات الأولى في تفسيره

تمهيد :

للعب أهمية بالغة لا سيما أنه سلوك تمارسه صغار الكائنات الحية قاطبة، وعلى رأسها صغار الانسان وصغار الحيوان، لذا قامت أبحاث عديدة في هذا المجال حاولت تحديد ماهية اللعب، مؤكدة في نتائجها أن اللعب لا يخلو من الحركات والأنشطة فهو بدوره ينمي القدرات الحركية والنفسية والانفعالية.

وما سبق أن اللعب يؤدي الى تعارف أعضاء المجموعة أحدهم على الآخر، فيستطيع كل منهم أن يتعرف على الآخر وأن يعمل معه في وفاق كلما اقتضت الضرورة إلى ذلك، أو يوطد نظام المرتبة الاجتماعية الذي يحفظ السلام والأمن والطمأنينة، ويعطي الكبار الحيوية الفائقة، مثلاً ذلك في تفاعلهم مع الآخرين وتكيفهم بشكل صحيح.(١)

ولعل اقتصار كلمة (لعب) على فئة دون أخرى أمر يحتمل الصواب؛ لأن اللعب في مجمله نشاط عام، وربما معالجة الأشياء لمدة طويلة وربما تدريب الأطفال على أنماط وأساليب عديدة وكل ذلك مرشح لان يكون لعباً.

وكثيرا ما يوصف اللعب بأنه نشاط تلقائي غير مرتبط بعوامل خارجية، وتتشكل أمثلة ابتداء من الحيوانات اللافقارية إلى القرود، لذا فنحن بحاجة إلى تصنيف أنشطة اللعب في أربع فئات على الأقل، وهذه تحتاج إلى تحليل في حدود أربع مجموعات مختلفة من الشروط على الأقل، ويتمثل ذلك باللعب العشوائي الذي يبدأ في مرحلة الطفولة المبكرة، واللعب الشبه المنتظم الذي يبدأ في مرحلة الطفولة

(١) Victor Barnouw. Anthropopology: Ageneral Interoducation, P. ٣١١.

المتوسطة، واللعب المنتظم الذي يظهر مع الطفولة المتأخرة، واللعب التجريدي الذي يصاحب المراهقة.

وتشير بعض الدراسات إلى أن اللعب يتمثل بالنشاط العام كالفراغ والمرح، إذ يعتمد إلى حد كبير على درجة الإثارة أو الفوران أو الإثارة العنيفة، أو نتائج الفوران المشوشة التي لا تنشأ من اللعب بل من تجنبه، والسؤال الذي يطرح نفسه علينا ما الذي يثير الحيوان إثارة معتدلة تجعله يميل إلى أن يؤدي نشاطاً عاماً غير موجه؟ وللإجابة على ذلك أن مجموعة الحركات والنشاطات التي يقوم بها الصغار بشكل منتظم أو عشوائي إنما تهدف إلى التخلص من التوترات وعندها نطلق عليها لعباً.

أما بالنسبة لبعض الثدييات فيبدو استطلاع البيئة والتمرس بالأشياء أشبه ما يكونان باللعب، عندما يصمم الاستطلاع، أو حين لا تتضح للمراقب جدة التجربة، وأكبر فئة من لعب الثدييات هو اللعب الاجتماعي، ويحدث في جملته بين صغار النوع، ويبدو أن هذا يتضمن كل أشكال اللعب الأخرى بدرجات متفاوتة، وإن كان اللعب الاجتماعي في المستوى السلوكي يختلف على أية حال عن بعض الاعتبارات الجوهرية عند اللعب المنفرد.

محاولات كثيرة ومتعددة حاولت تفسير اللعب تمثلت في عدة آراء ثم تحولت إلى نظريات. وتأكيداً على ذلك قامت مارغريت ميد بدراسات عديدة في مجال علم الإنسان، كما ورد ذلك في كتاب فيتكور بارنوا مدخل لعلم الإنسان، حيث خرجت بعدة ملاحظات على المجتمعات البدائية الافريقية ما بين السنوات (١٩٥٩-١٩٦٢)، إذ توصلت إلى أن الألعاب تبدأ ببعض الحركات العشوائية لدى الأطفال ثم سرعان ما تصبح منتظمة ذات مهارة عالية، ولذلك ترى بأن الألعاب تكون عند

تفسيرها مجموعة من الآراء والاتجاهات تستند على مشاهدة الظواهر، وسرعان ما تتحول إلى نظريات مهمتها تفسير ذلك.[١] والشكل (١-١) يوضح ذلك

عدة آراء واتجاهات تستند على مشاهدة الظواهر	⇐ تتحول الى	نظريات

تعريف اللعب:

بداية ما هو اللعب؟ هل هو مجرد ممارسات أو نشاطات يقوم بها الكائن الحي بقصد التسلية والترفية؟ وإذا كانت كذلك فالألعاب ستتعدد وتتنوع، وفي حقيقة الأمر إن اللعب ما هو الا نشاط داخلي تلقائي يقوم به الطفل بمحض إرادته حراً بعيداً عن الاجبار أو الإكراه وإلا لن يسمى لعباً.

وتشير الدراسات في مجال سيكولوجية اللعب حسب "سوزنا ميلر" إلى أن اللعب يعد نزعة عامة يشترك بها الصغار عامة أكانوا من جنس البشر أو من جنس الحيوان، فكلاهما يمارس اللعب بمحض إرادته باستمتاع.[٢]

ويمكننا رصد عدة تعريفات للعب من أهمها تعريف "جود" (Good)

الذي قال بأن اللعب نشاط حر موجه أو غير موجه يقوم به الطفل من أجل تحقيق متعة التسلية، وهذا بدوره ينّمي القدرات العقلية والنفسية والجسدية والوجدانية.[٣]

---

(١) Victor Barnouw. Anthropopology: Ageneral Interoducation, P. ٣٤٥.

(٢) سوزانا ميلر، سيكولوجية اللعب عند الإنسان، ترجمة رمزي حليم، ص ٢٤.

(٣) Good (Willim) The struculume of familes, P. ٧٦.

وهناك تعريف لكترين تايلور (Tylor) التي ترى بأن اللعب هو انفاس الحياة بالنسبة للأطفال، وليس مجرد طريقة لتمضية الوقت وإشغال الذات، فاللعب للطفل يعد ذو أهمية في عملية التربية والاستكشاف والتعبير الذاتي.

كما يرى بياجيه حسب كتاب وارد زورث بأن اللعب عملية تمثيل تعمل على تحويل المعلومات الواردة لتلائم حاجات الفرد، فاللعب والتقليد والمحاكاة تعد جزءاً لا يتجزأ من عملية النمو المعرفي.(١)

ومن خلال عرض ما سبق نجد أن من السمات التي تميز اللعب، أنه حر لا قسر فيه، فقد يكون موجها أو غير موجه، ويشتمل على المتعة والتسلية بالنسبة لمن يقوم به، كما أنه يعد نشاطاً يقوم به الأفراد او الجماعات، بدافع الاستمتاع، كما ان اللعب يعتبر استغلالاً لطاقة حركية ونفسية، إضافة إلى أنه يمتاز بالسرعة وبالخفة في تناول الاشياء واستخدامها والتصرف بها، ومن يمارس اللعب لا يمل ولا يتعب. كما أن اللعب يمارس بدوافع داخلية ويخضع لقوانين وقواعد وأعراف، فضلاً عن أنه لا يمكن التنبؤ بسيره في اتجاه واحد أو على وتيره واحدة. ويتحدد اللعب بطبيعة الزمان والمكان المتفق عليهما، كما أنه يعد عملية تمثل؛ أي أن الطفل يتعلم باللعب. إن اللعب هو الحياة لدى الاطفال يتعلمون من خلاله، وبه يحققون مطالب النمو وحاجاته، فلا يمكن الاستغناء عنه.

وأشارت بعض الابحاث كدراسات ملير وغيرها إلى وجود اختلاف واضح بين اللعب واللعبة، وبالتالي لا يمثلان شيئاً واحد، فاللعب هو مجموعة من النشاطات أو تركيبة من الألوان أو الفعاليات المنظمة التي يمارسها الاطفال سواء أكان ذلك بشكل فردي أوجماعي،ولتحقيق ذلك لابدللعب ان يسير فقا لقواعدمحددةومنظمةومتفق عليهابين الأطفال الذين يمارسونه،كماأن الذي يمارسها

(١) بي جي، وارد زورث، نظرية بياجية في الارتقاء المعرفي، ترجمة فاضل محسن، ص٧٧.

لابد أن يتكون لديه شعور معين بالمتعة، كما أن اللعب يشجع على روح المنافسة مع الذات ومع الآخرين.

بينما اللعبة تعرف بأنها نشاط أو عمل إرادي يؤدي في حدود زمان ومكان معينين حسب قواعد مقبولة وموافق عليها بحرية من قبل من يمارسها، بحيث تكون ملزمة ونهائية بحد ذاتها، كما أن اللعبة تفضي- إلى البهجة والسرور.

من خلال عرض ما سبق ذكره، نجد أن اللعب يمثل مجموعة من النظريات، أما اللعبة هي الوجه التطبيقي للعب بصفته التنفيذية، وهذا يكون وفقاً لمجموعة من إجراءات منظمة ومتسلسلة.

أصناف اللعب:

كما ذكرنا سابقاً فإن هناك اختلاف واضحاً بين اللعب واللعبة، وهذا بدوره يمثل لنا مجموعة الخطوط العريضة التي تشكل العملية التربوية من خلال ممارسته، وهذا بدوره يشكل عدة خصائص للعب ممثلاً بأنه يشير إلى نشاط حر لا قسر فيه، وأن الدافع من ممارسته يؤدي إلى الاستمتاع وإلى زيادة الطاقة الحركية. من خلال عرض ما سبق فيمكن القول أن هناك عدة أصناف للعب:

* لعب يقوم على التحدي والمنافسة.
* لعب يقوم على الصدفة (بصورة عشوائية)
* لعب يعتمد على التقليد والتمثيل.
* لعب يقوم على الرغبة في الاستثارة.

ويمكن توضيح ذلك في خلال الشكل التالي (١-٢)

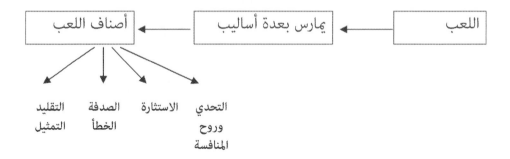

يشير الشكل إلى وجود علاقة بين اللعب وممارسته، بحيث يشكل أصنافاً متعددة، ولكل واحدة منها لها خاصية تميزها عن الأخرى ولها سماتها المستقلة.

المحاولات الأولى التي فسرت اللعب

وتأكيداً على ذلك، يمكن أو نوضح تسلسلاً زمنياً لأهمية اللعب وفق ما جاء به الفلاسفة والمفكرون على نحو متسلسل ومترابط:

أفلاطون : أول من أدرك القيمة العملية للعب، حيث كان يقوم بتوزيع التفاح على الصبيان لمساعدتهم على تعلم الحساب، وتقديمه أدوات حقيقية مصغرة لمن هم في سن الثالثة من الأطفال حتى يصبحوا بنائين فيما بعد، وهذا أسلوب من أساليب اللعب.

أرسطو : رأى ضرورة تشجيع الأطفال على اللعب بالأشياء التي يستخدمونها في حياتهم وهذا يؤدي إلى تطوير شخصياتهم.

وقد ازداد اقتناع المعلمين بعد عهد المصلحين التربويين العظام، أمثال كومينيوس في القرن السابع عشر- إلى روسو وبستالوزي وفروبل في القرن الثامن عشر وبداية التاسع عشر بفكرة أن اللعب ينبغي أن يدخل في طرق التعليم الذي يؤدي الى نمو الطفل فيجعله أكثر فعالية.[1]

---

(١) نبيل عبد الهادي، الملامح الأساسية لخطة تربية الطفل في الست سنوات الأولى، ص٨٦.

فروبل : أكد على أهمية اللعب؛ لأنه يؤدي إلى تفعيل دور الأطفال في عملية التعليم؛ وقد قام بالتركيز على النقاط التالية:

١. أهمية اللعب في عملية التعليم، وذلك يساعد على تنمية الأطفال من جميع النواحي العقلية والجسدية والنفسية.

٢. اهتم بحرية تعبير الطفل عن ذاته، وهذا يتم عن طريق ممارسته للعب الذي يستمتع به، ممثلاً ذلك بإحضار الدمى التي تؤدي إلى جذب انتباه، وتنمية طاقته وجعله قادراً أن يتعلم بحرية.

أما شالر ولازاروس : فقد أكدا على أهمية اللعب في تفعيل دور الطفل، وجعله أكثر قدرة على التكيّف والانسجام ويمكن إجمال ذلك في النقاط التالية:

١. التأكيد على أهمية الاستجمام في تجديد النشاط باللعب، فقد اعتقد أن اللعب يستخدم لإيجاد الراحة بعد العمل، وأنه وسيلة للتجديد أو النشاط والترفيه حين يشعر الفرد بالتعب والإجهاد في العمل.

٢. تؤكد نظرية الاستجمام، على أهمية الاسترخاء العام لقوى الفرد المجهدة من أعصاب متوترة وعضلات متشنجة.

٣. هناك انتقادات لهذه النظرية فبعض الألعاب يزداد الإقبال عليها لما فيها من مجهودات قاسية، والأطفال وهم الممثلون لظاهرة اللعب، يقبلون على اللعب حتى وإن كانوا مجهدين فعلاً.

من خلال عرض ما سبق يمكن إجمال المحاولات الأولية لتفسير عملية اللعب بأنها ركزت على حرية الطفل وجعلته أكثر فعالية من خلال ممارسته للعب.

نظرية الطاقة الزائدة

أشهر رواد هذه النظرية فردريك شيلر، ١٧٥٩-١٨٠٥، وهربرت سبنسر ١٨٣٠-١٩٠٣، ويمكننا القول إن هذا الأخير كان له اليد الطولى في إرساء قواعدها. وتصرح هذه النظرية بأن اللعب هو تصريف للطاقة الزائدة، كما تؤكد بأن اللعب هو نتيجة طبيعية لوجود طاقة زائدة لدى الكائن الحي، وليس بالضرورة

أن تحتاج لها في كفاحه في الحياة. فالنشاط الـذي لا يصرف في تنفيذ الحاجات الضرورية لابد من أن يجد منفذا ومخرجا له في حركات ونشاط لا فائدة فيه. ولهذا لابد أن يكون للعب أهمية في تفريغ هـذه الطاقة، ومما يؤيد صحة هذه النظرية أن الأطفال يلعبون أكثر مـن الكبار نظرا لوجود هذه الطاقة الزائدة بكثرة لديهم إذا ما قورن ذلك مع غيرهم، فالكبار عـادة ما يتولون ترتيب شؤونهم ومطالبهم الخاصـة، ويضيف رائد هـذه النظرية (سبنسر) بأن الطاقة ليست قاصرة على النشاط العضوي، بل يقصد باللعب كل نشاط مخالف ومضاد للنشاط الجسدي. ويظهر ذلك مـن خـلال الحركة كـالجري والقفـز والتمـرغ المستمر بالتراب الـذي يفضله الأطفال وصغار الحيوانات، وهذا يحتاج إلى نوع مختلف من التفسير.

وقد تحدث هربرت سبنسر في كتابه "مبادئ علم النفس"، في منتصف القرن التاسع عشر بما يعرف الآن بنظرية الطاقة الزائدة في اللعب، وقد فسر ذلك بأن الأطفال يلعبون لتصريـف البخار الـذي لـديهم حسب قوله، وهذا التفسير استوحاه (سبنسر) من كتابات (فردريك شيلر) الفلسفية والجمالية.

ولقد وصف شيلر اللعب بأنه التخلص من الطاقة الخصبة التي تعد أصل الفنون جميعا، وبعد ذلك بنحو قرن، اعتبر (سبنسر) بأن اللعـب أصل الفن وأنه تعبير عشوائي عن الطاقة الزائدة.

كما أشار (سبنسر) إلى أن الحيوان كلما كـان أدنى مرتبـة في سلم التطور البيولوجي وبالذات التعقيد الدماغي استنفذ نشاطه في البحث عـن الطعـام والهـرب مـن أعدائه. أمـا اللعـب المتطـور فيكـون لـدى الحيوانات متطورة الأدمغة، ممثلاً ذلك في قضاء وقت أقصر ـ للمحافظة على حياتها مع أنها أوفر تغذية وأحسن صحة، ومن ثم أتيح لهـا قدر أكبر من النشاط . ويمكننا توضيح فكرة الطاقة الزائدة إذا ما تخيلنا

الفرق بين الدماغ والعقل، بأن الاول يشير إلى الناحية البيولوجية التشريحية بينما المصطلح الثاني، يشير إلى وظائف الدماغ، ممثلاً بالتذكر والاستدعاء والتخيل والتصور.

صورة جهاز مائي غازي ينصرف المخزون منه إلى مسالك مختلفة، فإذا ما توقف عن الانصراف فحتماً سيكون عرضة للإنفجار.

وقد استخدم هذا التشبيه -إلى حد كبير- في النظريات السيكولوجية في مستهل هذا القرن، وإن لم يعد يفي بالغرض المطلوب، غير أن العديد من الانتقادات وجهت لهذه النظرية، ويمكن إجمال أهمها في النقطتين التاليتين:

أولاً: يمكن أن يعزى وجود اللعب لعدة عوامل أخرى غير عامل الطاقة الزائدة، كوجود بواعث أو مثيرات تنبيهية.

ثانياً: لا يعزى وجود اللعب للطاقة الزائدة لدى الطفل فقط، بل من الممكن للطفل المتعب بعد مسيرة طويلة أن يندفع راكضاً بسرعة إلى البيت اذا ما وعد باللعب، في حال وصوله إليه، وهذا بحد ذاته ينفى هذه النظرية، كما أن هناك مثلاً آخر فقد يصرخ طفل ما طالباً دميته مع أنه بحاجة الى النوم والراحة؛ لذلك يقال أن اللعب لا يكون دائماً نتيجة وجود طاقة زائدة لدى الطفل، فكثيرا ما نشاهده وهو يلعب وهو في غاية الإرهاق والتعب، ومع ذلك يستمر في نشاطه ويواصل ألعابه لدرجة أنه ليس بغريب علينا أن نشاهد طفلا مستغرقا في نومه على أرض الحجرة وهو متشبث بلعبته. وهذا دليل واضح على أن الطفل يستمر في اللعب وهو متعب، أو حتى إذا نفدت كل طاقته فاستلقى على الأرض ونام.

أما أهم الاعتراضات التي وجّهت إلى هذه النظرية فهي أن الصغير والكبير منا يتعبه العمل، وبعدها ينشد الراحة عن طريق أشكال عدة، أهمها اللعب فإذا كان اللعب مهمته للتخلص من فائض الطاقة، فأين كان هذا الفائض ونحن متعبون من العمل؟ والجواب على ذلك يكمن في أن اللعب ليس مقصورا على من لديه فائض من الطاقة، لأننا نرى الضعيف والقوي والمتعب والمستريح من الأطفال يلعبون. ويؤكد (سبنسر) في هذا الصدد أن الحيوانات الأرقى، وأيضا الإنسان لا يصرفون وقتا كبيرا لحفظ البقاء، وبالتالي تصرف الطاقة المتوافرة باللعب. أما الحيوانات

الأدنى تصرفاً فتقضي معظم وقتها في إيجاد الغذاء وحفظ البقاء فلا وقت لديها لكي تلعب، وهذا القول يتناقض مع الواقع لأنه يؤكد على نقطتين :

١- إذا كانت معظم الحيوانات الأدنى من الإنسان تصرف أوقاتاً طويلة في اللعب؟ فمن أين جاءت لها هذه الطاقة؟

٢- إذا كان الصغار أكثر لعبا من الكبار فمن أين لهم الطاقة؟ ولماذا يفرطون بها وهم بحاجة للدفاع عن النفس أكثر من الكبار؟ وللإجابة على ذلك تنتقد نظرية (سبنسر) بأنها بالغة الفجاجة، لأنها تستند في تفسيرها للعب على افتراضات فسيولوجية، فالتعب الذي يحدث في مراكز الاعصاب يتحلل عندما يمارس اللعب، وبناء على رأيه، يحتاج الفرد إلى وقت طويل لكي يبقي المركز العصبي مستريحا، فيصبح متزناً فسيولوجيا، ويكون حينئذ فائق التأهب للاستجابة إلى أي نوع من التنبيه والاستثارة ويصدر عنه نوع من العمل الملائم، لذلك المركز العصبي المعين، وهذا يعلل عنصر المحاكاة في اللعب أي عندما لا تسنح الفرصة لمدة طويلة بنشوب قتال جدي، فإن الحيوان يشتبك في قتال مصطنع، حتى صغار الانسان يقومون بهذه العملية.

وقد أصبحت أفكار (سبنسر) الفسيولوجية مهجورة حاليا، وهذا يعزى إلى أن نظريته لا تشتمل على جميع الحقائق التي لها علاقة باللعب والتي تفسره بصورة دقيقة.

النظرية التلخيصية

وضع هذه النظرية (ستانلي هول) (Stanly Howl) سنة (١٨٤٤-١٩٢٤)، بعد أن تأثر بنظرية دارون (Darwin)، ويرى بأن لعب الأطفال ما هو إلا تعبير عن غرائزهم المختلفة، وأنه يعزى للدوافع الموروثة لدى الطفل من أجداده الأوائل والتي تتمثل في السلوك البدائي الذي يعود إلى الأحقاب الأولى للتطور العقلي.

ويضيف (ستانلي) أن التطور العقلي يتمشى جنبا إلى جنب مع التطور الجسمي، ما دامت العمليات العضلية متصلة اتصالا وثيقا بالجهاز العصبي. كما أن وجهة نظر (ستانلي هول) تتلخص في أن الطفل أثناء تطوره ومنذ مرحلة الطفولة المبكرة وحتى البلوغ، نجده يقلد حياة الرجل البدائي، ثم يقلد في أثناء نموه وفقا لما سار عليه التطور العقلي للجنس البشري، وأن التغير الذي يحدث نتيجة لميول اللعب أثناء تقدم الطفل في السنوات المختلفة، إنما هو في نظره تفتح الدوافع والغرائز الموروثة من الناحية البيولوجية، ففي فترات معينة نجد ميول الأطفال تتجه نحو اللعب في الهواء الطلق، كما يميلون إلى الصيد والقنص، وكذلك نجد ألعاباً تشتمل على الحروب، ومحاولة الاختفاء من وجه العدو أو السكن في المغارات، أو تسلق الأشجار، أو سرقة أعشاش العصافير، وما أشبه ذلك من تصرفات هي أقرب إلى الحياة البدائية الأولى منها إلى الحياة المدنية المتقدمة، فاللعب في نظر (ستانلي هول) المراجعه الأولى لتاريخ الإنسانية البدائية، إذ إنه يرى أن غرائز الأجيال السابقة تتفتح وتظهر بصورة أبسط في تصرفات الطفولة، وحينما يصل الطفل إلى مرحلة البلوغ يكون قد أنهى من مروره بجميع طبقات التطور، وينتهي به المطاف إلى أن يصبح شخصا متزناً، بحيث تتمشى ميوله وقدراته مع عصره الذي ينتمي إليه، وبالتالي تكون وظيفة اللعب لديه، هي تحرر الجنس من بقايا النشاط القديم، وفي الوقت ذاته يتجه الإسراع في التقدم نحو طبقة أعلى.

لقد واجهت نظرية (ستانلي هول) اعتراضاً تمثل بقيام علماء النفس بأبحاثهم الحديثة المختلفة على لعب الأطفال ممثلاً ذلك بنتيجة أبحاث ليمان روث (Leman& Roth) حيث توصلوا الى أن ألعاب الأطفال تتغير حسب طبيعة الطفل نفسه، وبحسب بيئته الاجتماعية من ناحية والتقدم في العمر،والتطور المعرفي لديه من ناحيةاخرى [1]، فاختراع السيارات مثلا أحدث انقلابا كبيرا في تقدم الإنسانية

(1) Leman and Roth, The change Games of children, Educational Psychology Magazeen.

فالطفل الصغير كثيرا ما يلعب بسيارة ويحاول إصلاحها، وهذا لم يكن معروفا عند أجداده الأوائل. لقد أجريت تجارب على أطفال في سنوات مبكرة ومن بيئات مختلفة سنة (١٩٠٠) ثم في سنة (١٩٢٩) ووضعت ملاحظات وتجارب مماثلة على أطفال من نفس البيئة، وفي نفس السن، فكانت النتيجة واضحة في طريقة لعب الأطفال والأدوات التي يستخدمونها، والحقيقة أن اللعب يغلب عليه مشاركة البيئية أكثر من التأثر بالوراثة.

نحن لا ننكر أننا ورثنا عن أجدادنا القدرة على التصرف، والسبب في ذلك هو أننا نشبه أجدادنا في تكويننا الجسمي والعقلي والوجداني والنفسي، ولكن تصرفاتنا وطرق تعاملنا غالبا ما تتأثر بالبيئة، لهذا نجد بأن للوراثة دوراً هاماً في تشكيل القدرات العقلية والجسدية والنفسية لدى الطفل، بينما للبيئة دور حاسم في تشكيل أساليب اللعب.

من خلال عرض ما سبق يمكن أن نوضح ذلك بالنموذج رقم (١-٣)

الوراثة ← تؤدي إلى توريث القدرات العقلية والجسدية والنفسية

البيئة ← تؤدي إلى ظهور أساليب مختلفة في اللعب

يوضح الشكل بأنه للوراثه دوراً هاماً في تحديد القدرات العقلية والجسدية والنفسية، بينما للبيئة أثراً هاماً في تحديد الأساليب المختلفة للعب.

ملخص النظرية التلخيصية

قامت هذه النظرية على تلخيص ما ورد في الماضي للأجيال السابقة من ألعاب وحركات ومهارات، وأكدت هذه النظرية أن مجموعة الألعاب والحركات التي يمارسها الطفل ما هي الا انعكاس للأجيال التي سبقته، غير أن الألعاب التي

يمارسها الأطفال بالرغم من أنها مماثلة للألعاب التي قام بها الأجداد، إلا أنها تتأثر إيجاباً أو سلبا في أسلوبها وفي أدواتها وفق متطلبات العصر.

وأشهر من كتب في هذه النظرية (ستانلي هول)، الذي أكد أن الإنسان منذ ميلاده إلى اكتمال نضجه يميل إلى المرور بالأدوار التي مرت بها مراحل تطور الحضارة البشرية منذ ظهور الإنسان إلى الآن.(١)

وقد تعرضت نظريته إلى الانتقاد من قبل علماء النفس بأبحاثه الحديثة المختلفة، ومفاد ذلك بأن ألعاب الأطفال تتغير بحسب طبيعة الطفل نفسه، وبحسب بيئته الاجتماعية. فالاختراعات التي حدثت أثّرت بشكل أو بآخر على ألعاب الطفل وكيفية ممارستها.

نظرية الإعداد للعمل أو ممارسة المهارات : -

تعتبر هذه النظرية من النظريات المهمة في تفسيرها للعب، وأشهر من أعد في هذه النظرية (كارل جروس) سنة (١٨٩٦) وهي مقابلة لنظرية (ستانلي) حول (النظرية التلخيصية). فوظيفة اللعب هي إعداد الطفل للمستقبل وليس مجرد بيان نشاط الأجيال الماضية، ولقد نقد (جروس) نظرية الطاقة الزائدة بأنها أهملت في النشاط في اللعب. فأساس اللعب ليس الطاقة الزائدة، ولكنه الدافع الداخلي الذي يؤدي لتكيف الشخص مع بيئته عن طريق اللعب، ففي أثناء ممارسته تعطى الفرصة لطفل الحيوان والإنسان لكي يقوي وينمي استعداداته الموروثة، وكذلك في أثناء محاولاته للتكيف مع بيئته المعقدة.

وخير مثال على ذلك بأن الذكور يمارسون ألعاباً تتصل بأدوارهم الاجتماعية المستقبلية، ممثلاً ذلك بإقامة المنازل بالرمل والطين او قطع الخشب، أما الإناث فيلعبن ألعاباً متعلقة بالأعمال المنزلية، وهذا بدوره يمكن أن يفسر بأنه إعداد للحياة المستقبلية.

---

(١) سوزنا ميلر، سيكولوجية اللعب عند الانسان، ترجمة رمزي حليم، ص ٥٥.

فوظيفة اللعب من وجهة نظرية (جروس) هو تمرين لنواحي النشاط المختلفة التي سيحتاجها الكائن الحي عند الكبر، كما أن اللعب يعد أكبر دافع لنمو الفرد وتقدمه. ولكن مع كل ما تم ذكره يمكن أن نطرح السؤال التالي:

هل جميع أنواع اللعب تعد الفرد للحياة المستقبلية؟

والجواب: لا، فمعظم نشاط الطفل في اللعب لا يبدو فيه إعداد للحياة المستقبلية.

فمثلاً ذلك الجري الذي يعد من الألعاب المفضلة لديه، فهل من الضروري أن يكون الجري إعداداً للمستقبل؟ ، من الممكن أن يكون إعداد للمستقبل في حالة ممارسته من قبل الطفل البدوي، إذ يمثل حياته التي تعتمد إلى حد كبير في سرعته في العدو وقوته العضلية. كما يرى جروس بأن اللعب يعد مظهرا للتطور العقلي والعضلي، وفي ضوء ذلك يمكن أن نطرح السؤال التالي، هل توجد أنماط أخرى من اللعب تؤدي الى التطور المعرفي؟ والجواب على ذلك نعم، توجد أنماط كثيرة ومختلفة لا سيما وأن نظرية (جروس) لها وجهان متبنيان بهذا الشأن.

الوجه الأول : أنها نظرية عامة في اللعب، فهي تعتبر اللعب تمريناً وإعداداً للحياة.

الوجه الثاني: أنها نظرية خاصة بالتخيّل العقلي الرمزي.

وقد عمل (جروس) على الجمع ما بين الوجهين واعتبر اللعب الإيهامي لدى الأطفال إعداداً للحياة المستقبلية. كما يرى أن اللعب في الطفولة ما هو إلا إعداد للسلوك الغريزي إعدادا صحيحا، قبل أن يصل الشخص إلى مرحلة البلوغ. وكما أن السرور والمرح يصاحبان تحقيق أي واقع غريزي، فما هما إلا مجموعة من العوامل التي تؤثر في لعب الطفل لإعداده للمستقبل، وتظهر بوجه خاص في لعبه الإيهامي، وخير مثال على ذلك الطفل الذي يلف يديه حول رقبة طفل آخر، وهو يلعب فهذا تعبير واضح عن غريزة المقاتلة. وبذلك ندرك بأن اللعب ما هو إلا مجرد تدريب وتمرين عادي لتقوية استعدادات الطفل المختلفة. ولكن هل توجد علاقةما بين اللعب الرمزي، وما بين الإعدادوالتدريب من ناحيةأخرى؟

والجواب على ذلك هو نعم هناك علاقة مابين الجانبين ولكن(جروس) يرى أن الإيهام

الرمزي ليس أكثر من تفسير داخلي للحقيقة الموضوعية ، التي يتم الإعداد لها، في حين أن اللعب الرمزي هو في الواقع ليس أكثر من امتصاص وتمثيل عقلي. وهناك سؤال قد يتبادر إلى أذهاننا، هل التدريب يقود الفرد من تلقاء نفسه إلى اللعب الإيهامي، الرمزي؟

والإجابة هي: لا، وذلك لسببين :

أولاً: الطفل في السنة الأولى من عمره، لا يعرف شيئا عن اللعب التخيلي- مثله مثل باقي الكائنات الحية التي تلعب (ما عدا الشمبانزي)- وذلك بالرغم من أنها تؤدي الكثير من الألعاب التدريبية. وخير مثال يمكن طرحه أن الطفل عندما يعض طفلاً آخر فإنه لا يتخيل أي تخيل معين، ولكن يمكن تفسير هذا السلوك على أنه آلية من آليات السلوك مرتبطة بالتدريب، على ضبط النفس دون أن يكون هناك تخيّل عقلي.

ثانياً: أما السبب الثاني من الصعب اعتبار جميع الألعاب التي يقوم بها الأطفال هي إعداد لنوع من أنواع النشاط، فالطفل إذا ما تخيل شيئا ما، فليس من الضروري أن يمارس ما تخيله عمليا. فإذا كان اللعب التخيلي الرمزي يقود إلى التدريب على العمل المستقبلي فلماذا يقلد الطفل في لعبه الشخص النائم ويظل بدون حركة؟ فهل الإعداد للمستقبل يستلزم عدم الحركة أو الحركة ذاتها؟ وجواب ذلك يمكن أن يقودنا هذا السؤال إلى الكثير من الألعاب بعيداً عن أن يتخذ هدفا له الإعداد والتدريب. فالطفل يؤدي ما يسره أو ما يجذب انتباهه، أو ما يساعده على أن يشعر بأنه جزء من البيئة المحيطة به، أو يساعده شعوريا على أن يقوم بنوع من التنفيس أو التعويض أو التكامل. وتشير دراسة "باتاي" (Pati) بأن الأطفال الذين ينتمون لبيوت تتصف بالعدوانية وعدم الاستقرار ينعكس ذلك على سلوكهم اليومي وبالذات على

نوعية ألعابهم بعكس الأطفال الذين ينتمون لأسر مستقرة تمتاز بالتوافق والانسجام بين الوالدين فإن ألعابهم تمتاز بالهدوء والاستقرار. [1]

إن نظرية الإعداد والممارسة تركز على التدريب من خلال اللعب الذي يؤدي إلى فعالية النشاط، من ناحية حركية وعقلية واجتماعية، وانفعالية، وهذا بدوره يؤدي إلى تحقيق لعب الدور الخيالي والاجتماعي، الذي يكون متوازناً.

اللعب بوصفه حالة :

في محاولات تفسير اللعب، يوضح (جيمس سالي) اقتران الضحك والمرح باللعب في كتابة "رسالة في الضحك" سنة (١٩٠٢). وبين أن الضحك هو الدليل على اللعب، ومرتبط به، وأن الضحك ضروري للنشاط الاجتماعي بما في ذلك زمالة اللعب، فقيام الأطفال بإغاظة بعضهم وقيامهم بمهاجمات بسيطة ولطيفة فيما بينهم يمكن أن يعد سلوكاً يقصد إلحاق الأذى ببعضهم لولا وجود الضحك المقترن بهما الذي يدل على انتفاء قصد الأذى بين المشتركين فيه.

ولا نجد العنصر الانفعالي في مهاجمات الأطفال وإنما تكون حركات تلقائية تدل على الاستمتاع، ونجد أن الانفعال الغالب في حالات اللعب هو انفعال السرور، أما إذا ظهر انفعال مخصص حاد، كانفعال الغضب أو الخوف أو التوتر فإنه غالبا ما يفسد جو اللعب.

إن ارتباط الضحك باللعب يحقق ارتياح الطفل من الناحية الانفعالية وتؤدي في المحصلة النهائية إلى التوازن، وبالرغم من أن الضحك هو الدليل على اللعب، إلا أن مشاهدات الأطفال الذين يمارسون اللعب لا تؤكد على وجود صفة الثبات بين السرور والضحك الظاهر على الطفل واللعب. فمثلا عندما يحاول طفل في سن الثالثة تكوين شكل معقد من المكعبات أو يبني بيتا بسيطاً، فإنه يكون منهمكا في عمله، ويثور غاضباً إن حاول أحد أخوته هدمه وتخريبه ويكتئب إذا لم ينجح في

---

(١) Pati, The gressive of children, page ١٤٥ .

بناء الشكل الذي يريده، ولكن نتوهم أنه يستمتع ببناء البيت لمجرد أنه ليس مضطرا إلى بنائه، بل لأنه اختاره بنفسه.

وهناك مزايا في وصف اللعب أنه حالة، فقد أوضح (جروس) أن الكائن الحي أثناء اللعب يستخدم معظم الوظائف الطبيعية فالطفل يجري ويتسلق ويقفز، فهو بذلك يستخدم معظم مهاراته الحركية فيكتسب الطفل من خلالها قدرات حركية على جانب كبير من الأهمية.

ولذلك فإن اللعب نوع خاص من النشاط له خصائص تميزه عن النشاطات الأخرى، وهي على النحو التالي:

١- من خلال اللعب يعكس الطفل بيئته التي يعيش فيها.

٢- يحصل الطفل على المعرفة من خلال ممارسته.

٣- يتعلم الطفل التفكير.

٤- وباللعب تصبح الحقيقة شيئا إيجابيا.

التطبيقات التربوية :

من خلال عرض ما تقدم يمكن أن نستفيد من هذه الوحدة أنه يمكن إعداد ألعاب وربطها بالمنهج التعليمي في كل من رياض الأطفال والمدرسة، بحيث يؤدي إلى تفعيل عملية التعلم والتعرف على قدرات وإمكانيات الأطفال العقلية والانفعالية والاجتماعية، لتشكيل مجموعة من الأساليب التي تؤدي إلى ربط اللعب بالتعلم، وهذا يؤدي إلى إزالة الملل والروتين لدى الأطفال ويجعلهم متقبلين لواقعهم المدرسي.

خلاصة

لقد تم استعراض المحاولات الأولى في تفسير اللعب في هذه الوحدة، فقد تم طرح عدة موضوعات تتعلق بالمحاولات الأولى في تفسير اللعب، متمثلا ذلك بمحاولات أفلاطون، أرسطو، شالز ولازاروس وغيرهم، فأدرك أفلاطون القيمة العملية للعب وذلك بتوزيع التفاح على الأطفال لمساعدتهم على تعلم الحساب.

وأرسطو الـذي رأى ضرورة تشجيع الأطفال عـلى اللعب بالأشياء التـي يستخدمونها بصورة جدية وهم راشدون. أما فروبل فبـين أهميـة اللعب في تعليم الأطفال والتعبير عن انفسهم بحرية. وأما شالز ولازاروس فهمـا مـن رواد نظريـة الاستجمام وتجديد النشاط باللعب، فقد اعتقدا أن اللعب يستخدم للاستجمام بعد العمل وأن اللعب وسيلة لتجديد النشاط والترفيه حين يشعر الفرد بالتعب في العمل. وتم استعراض "نظريـة الطاقة الزائدة" التي تؤكد على أهميـة اللعب في تفريغ الانفعـالات والمشاعر التـي تكون نتيجة لتعرض الأطفال لمشكلات الحياة اليومية فمن خلال اللعب وممارسـة اللعب يمكن التفريغ عن هذه الإحباطات. وأما النظرية التلخيصية التي تركز عـلى تلخيص الأدوار التـي مـر بها الطفل وتؤكد عـلى انعكـاس الحركـات والمهارات وألعاب الأطفال للأجيال السابقة بالرغم مـن تأثرهـا في الأسـلوب والأدوات وفقا لمتطلبات العصر الجديد. أما نظرية الإعداد وممارسة المهارات فتوضح أن الهدف من اللعب هو أن يتمرن الطفل عـلى أشياء يحتاجهـا في حياته المقبلة، فإذا لم يوجه نشاط اللعب في الاتجاه المطلوب اجتماعيا، فإن الطفل لا يفيد نفسه ولا مجتمعه في المستقبل. أما في موضوع اعتبار اللعب حالة، فقد بينا اقتراح "جيمس سالي" بأن ارتباط الضحك باللعب يحقق ارتياحاً للطفل، وبالتـالي يـؤدي إلى التـوازن وأن اللعب يساعد الطفل عـلى استخدام معظم الوظائف الطبيعية للطفل من خلاله وأن اللعب الـذي يـأتي بشكل عفوي وغير مخطط له يؤدي إلى الاستمتاع وتفريغ انفعالات الطفل، بعكس اللعب الذي يهدف إلى جلب الانتباه والحصول على المال فـلا يـؤدي إلى استمتاع الطفل.

والجدول رقم (١-١) يلخص أهم الاراء التي جاءت بها النظريات

النظرية	تعريفها اللعب
نظرية افلاطون	تركز على قيمة اللعب بزيادة مستوى التقليد.
نظرية لازوراس	اللعب وسيلة لتجديد النشاط
نظرية الطاقة الزائدة	تخليص الطفل من الاحباطات
النظرية التلخيصية	تلخيص الادوار التي يمر بها الطفل
نظرية الاعداد والممارسة	يتمرن الاطفال عن طريق اللعب
نظرية اللعب بوصفه حالة	ارتباط اللعب بالضحك

ومن خلال عرض الجدول يمكن توضيح ما جاءت به الوحدة في النموذج (١-٤)

نظرية فسرت اللعب
نظرية الاعداد والممارسة

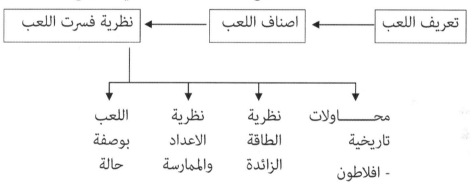

المصادر والمراجع

- بلقيس (أحمد)، مرعي (توفيق). الميسر في سيكولوجية اللعب. - الطبعة الأولى، عمان : مطبعة حطين، ١٩٨٢.
- ميلر (سوزانا) ، سيكولوجية اللعب، ترجمة رمزي حليم يسن.- الطبعة الاولى.-القاهرة: الهيئة المصرية العامة، ١٩٧٤.
- عبد الرحيم (عبد المجيد)، قواعد التربية والتدريس في الحضانة ورياض الأطفال، القاهرة : مكتبة الانجلو المصرية، ١٩٩١.
- العناني (حنان).- علم النفس التربوي. - الطبعة الاولى. - عمان: دار الصفاء للنشر والتوزيع، ٢٠٠١.
- عبد الهادي (نبيل). - التفكير عند الاطفال.- الطبعة الاولى. - عمان: دار الصفاء للنشر والتوزيع، ٢٠٠٢.
- عبد الهادي (نبيل).- الملامح الاساسية لخطة تربية الطفل في الست سنوات الاولى في رياض الأطفال في الأردن، ومدى ملاءمتها لاستراتيجيات التربية الحديثة، ص ٢٨٠.
- واردزورث (بي جي). - نظرية بياجيه في الارتقاء المعرفي؛ ترجمة فاضل محسن. - الطبعة الاولى. - بغداد: دار الشؤون الثقافية العامة، ١٩٩٠.

- Bruce Joyce. – Models of teaching. Second edition NewYork, ١٩٨٦.
- Good (Willim). – The Structure of families. – NewYork, ١٩٧٦.
- Leman & Roth. – The Change of Games of children". – Educational Psychology Magazeen. – Vo (٤٣), ١٩٨٦.
- Pati. The grassive between the children at the school, ١٩٨٢.
- Victor Barnouw. – Anthropology A general Introduction. – Illinois, ١٩٧٩.

الوحدة الثانية

مفهوم اللعب ونظرياته

- تمهيد
- تفسير نظرية التحليل النفسي للعب
- تفسير النظرية السلوكية للعب.
- تفسير نظرية (هل) للعب.
- ما هي وظيفة هذا العمل.
- تفسير (سكنر) للعب
- تفسير نظرية (الجشتلطت) للعب
- تفسير نظرية (جان بياجيه) للعب
- التطبيقات التربوية
- خلاصة
- المراجع

الوحدة الثانية
مفهوم اللعب ونظرياته

تمهيد:

نظريات متعددة جاءت مفسرة لنمو الطفل وسلوكه ضمن المؤثرات البيئية والوراثية، بعض الباحثين وعلماء التربية قاموا بعمليات قياسية استقرائية لتفسير اللعب وفقا للألعاب المختلفة التي يمارسها الأطفال.

وكما ترى بعض النظريات بأن اللعب يتأثر بالواقع الاجتماعي والوراثي الذي يحيط بالطفل، وهذا ممثل بنظرية التحليل النفسي ومدارسها، فإن البعض الآخر يرى أن اللعب هو الخبرة والممارسة اليومية التي تكسب الطفل مجموعة الأفكار التعليمية، وهذا متمثل في النظرية السلوكية وفروعها، وهناك بعض النظريات التي ترى بأن الطفل يخضع للمجال الكلي الذي يحيط به في ألعابه وممارساته وتفاعلاته مع الآخرين، وقد تمثل ذلك بنظرية الجشطلت وسنقوم في هذه الوحدة بعرض هذه الافكار والنظريات.

تفسير نظرية التحليل النفسي:

تعود هذه النظرية لصاحبها (سيجموند فرويد) الذي استخدمها كوسيلة لعلاج المرض العقلي والاضطرابات النفسية الموجودة عند الإنسان، وقد تطورت هذه النظرية في أواخر القرن التاسع عشر وبداية القرن العشرين.

كان يعمل فرويد طبيب أعصاب في البداية حيث استخدم التنويم المغناطيسي في معالجته لبعض الأمراض، لكنه اكتشف أن هذه الطريقة لا تلائم جميع المرضى فانتقل إلى طريقة التداعي الحر، وقد اعتبرها أفضل طريقة للعلاج

لأنه كان يفترض أن الأفكار والمشاعر التي تطرأ عندما يتحدث المريض ويعبر عما في نفسه هي ظهور لمشاعره وانفعالاته المكبوتة داخله.

ومن خلال نظرية التحليل النفسي، فقد أكد (فرويد) على ضرورة استخدام اللعب كوسيلة لتحليل نفسية الأطفال التي من الصعوبة تحليلها عن طريق (التداعي الحر) او باتباع طرق آخرى. وقد قام (فرويد) بتفسير اللعب الإيهامي المرتبط بالخيال بأنه وسيلة لإسقاط الرغبات وإعادة لتمثيل الأحداث المؤلمة التي مرت بالطفل. وقد عرف اللعب الإيهامي بأنه مجموعة الحركات والأفعال التي يقوم بها الطفل متخيلا واقعه الاجتماعي المستقبلي.

لقد قرر (فرويد) بأن السلوك البشري يتحدد بمقدار ما يؤدي إلى اللذة والألم، فالمرء يسعى وراء الخبرات السارة، ويحاول تجنب الخبرات المؤلمة، لذلك يقوم بتكرار واقعة عن طريق اللعب حيث يخلق عالماً خاص به، دون تدخل أحد وذلك عن طريق استخدام أشياء ومواقف من العالم الحقيقي، مثال: طفل ضربه أبوه فغضب الطفل من أبيه فليس له أن يقوم ويضرب أباه ولكنه يجد من اللعب فرصة لتمثيل غضبه، وإخراج انفعالاته المحبوسة داخله، ولأن اللعب بحد ذاته يعد منفذا للتفريغ عن الانفعالات المكبوتة داخله، ولأنه لا يستطيع أن يفرغ نزاعاته المكبوتة على الواقع؛ لذا يقوم بتمثيله عن طريق اللعب، ليخفف من حدة التوتر الناتج عن العجز في تحقيق الأماني والرغبات في واقعه.

تفسير النظرية السلوكية للعب:

تعد هذه النظرية من النظريات المهمة التي فسرت السلوك، وبصفة اللعب نشاط سلوكي لابد من تفصيل ذلك عن طريق استعراض الاستجابات الشرطية، وخير مثال على ذلك مجموعة التجارب التي قام بها إيفان بافلوف على الكلاب، حيث قامت تجربته على مرحلتين وهما على النحو التالي:

الاولى: قبــل أن نشــترط الاســتجابة اللعابيـة حيــث تتمثــل في المصــطلحات التالية:-

أ- مثير غير اشتراطي	←	استجابة غير شرطية
(طعام)	←	سيلان اللعاب
ب- مثير شرطي	←	استجابة شرطية
(جرس)	←	لا إفراز للعاب

المرحلة الثانية المثير المعد للاشتراط بالمثير اللاشرطي (أكثر من مرة) مثير غير شرطي (الطعام يؤدي الى استجابة غير شرطية)، مثير شرطي اقتران الجرس مع الطعام يؤدي الى استجابة شرطية (سيلان اللعاب).

هذا لا يكفي لجعل الكلب يستثير لمجرد قرع الجرس (المثير الشرطي) بـل يجـب تعزيز هـذا المثير، وذلك بـأن يتلو الطعـام قرع الجرس، لقد تـم استخلاص مبادئ من هذا النوع من التعلم منها:

١.   التدعيم أو التعزيز أي تقوية الاستجابة الشرطية.

٢.   الخمود عدم تعزيز المثير الشرطي- عدم ظهور الاستجابة.

٣.   العودة التلقائية – عودة الاستجابة- عدم وجود تدعيم.

٤.   التعميم ضوء وجرس- سيلان اللعاب.

٥.   التمييز تعزيز الجرس بالطعام.

٦.   عدم تعزيز الضوء بالطعام .

من خلال عرض ما سبق فسرت النظرية السلوكية اللعب عـلى أنـه ارتبـاط بين مجموعة من المثيرات والاستجابات، بمعنى أن الطفل يـتقن اللعبـة عـن طريق التكرار والممارسة والتعزيز، حيث يؤثر ذلك في مستوى المهارة لـدى الطفل. وقد تحدث (واطسن) عن المحاولات الخاطئة والناجحـة التـي يقـوم بهـا الفـرد خـلال موقف معين. حيث وضح ذلك بمجموعةمن التجارب على الحيوانات،فوضع حيواناً في

قفص حاول الخروج من القفص قام بعدة محاولات خاطئة، ولكنـه قـام في نهاية الأمر بمحاولة صحيحة حيث تبين له في المحصلة النهائية، بأن المحاولات الخاطئة لا تتكرر، بينما المحاولات الصحيحة تبقى، أما علاقة ما سبق باللعب فيحدد شروط اللعبة.

١. يجب أن تجذب اللعبة انتباه الطفل.

٢. الابتعاد عن التكرار والملل.

٣. تؤدي اللعبة إلى تعزيز نفسي، متمثل بالاستمتاع، بمعنى أن لكل لعبة قوانينها وأنظمتها فاتقانها يكون بمثابة تعزيز.

ومـن العلمـاء السـلوكيين الـذين فسـروا اللعـب العـالم (جـاثري) في نظريتـه التعلـم الشرطي، حيـث تعـرف هـذه النظريـة بالتلازم أو الاقتران، وأساسها يقوم علـى الترابط بين المثير والاستجابة، والتأكيـد علـى ضرورة تلازم المثير غـير الطبيعـي مـع المثير الطبيعي حتـى يـتم الـترابط بـين المثيرات والاستجابات، إضافة إلى أن الحركـات التي تثير المؤثرات هـي الأسـاس في التعلم الشرطي، حيث يرى (جاثري) أن الفترة التي تنقضي بـين ظهـور المثير غير الطبيعي بعد المثير الطبيعي، ليست فترة سكون تـام وإنمـا فيهـا حركـات تثير مؤثرات جديدة وهكذا ... وخير مثال على ذلك لعبة كرة السلة، فقذف الكرة في السلة لا يتوقف على حركة واحدة، بـل علـى عـدة حركـات تـتم في ظروف مختلفة، وكل حركة من الحركـات يـتم تعلمهـا في محاولـة واحـدة مـن المحاولات، وهكذا يجب التمرين في مواقف مختلفة، لأن كل تمرين يضيف حركـة جديدة، حتى يـتمكن الطفـل مـن اكتسـاب كـل الحركـات الخاصـة لاكتساب هذه المهارة، وفي ضوء ذلك يمكن أن نطرح السؤال التالي:

ما أهمية التكرار في التعلم الشرطي ؟ وللاجابـة علـى ذلـك نقـول إن التكـرار يؤدي إلى التحسن في الاداء، وهذا يتمثل في النقاط التالية:

أ- يزيد الرابطة بين المثير والاستجابة.

ب- يسمح بإيجاد الرابطة بين مثيرات جديدة وحركات جديدة. فكلما تعددت الحركات في عملية من العمليات، زاد هذا من تعقدها وزادت الحاجة إلى التكرار لاكتساب حركات جديدة.

وملخص القول يرى اتجاه (جفري) بأن الارتباط بين المثيرات والاستجابات بشكل صحيح، يؤدي إلى اتقان اللعبة وتشكيلها، وتوضيحاً لذلك نشاهد الشكل رقم (٢-٥) :

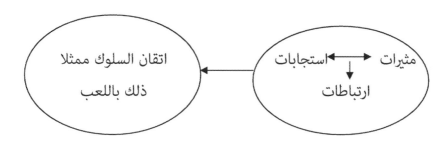

تفسير نظرية (هل) للعب : -

تقوم هذه النظرية على أساس الفعل المنعكس، وتكوين العادات ويشترط فيها تلازم حدوث المؤثر والاستجابة، كما تؤكد على ضرورة وجود التعزيز، والأساس الذي قامت عليه وجود عمل داخل الكائن الحي يكون موجوداً بين وقوع المثير وحدوث الاستجابة (م - ع - س) مثير، عمليات متوسطة، استجابة.

ما هي وظيفة هذا العمل ؟

تكمن وظيفة هذا العمل بتحديد العمليات أو المتغيرات المتوسطة، أي أن الفرد يكون لديه دوافع تلعب دورا هاماً في الاستجابة، حيث تحتل الدوافع أهميتها، إذ يرى (هل) أن الاستجابة لا تتم إلا إذا كان هناك دافع، حيث تكمن اهميتها في أنها تساعد على تحديد نوع المؤثرات التي تؤثر في الفرد ويمكن أن نوضح ذلك

بالمثال التالي، إن المؤثرات المنبعثة عن العطش، تختلف عن مؤثرات الجوع، وهذه المؤثرات هي التي تحدد أين يذهب الكائن الحي في حالة العطش، أو في حالة الجوع، وبالتالي تحدد لنا الثواب الذي يمكن أن نحصل عليه عندما نقوم بهذا العمل بحيث يؤدي في تثبيت العادة .

ولذلك لابد لنا من طرح السؤال التالي ما هي الدوافع وما هي أنواعها؟

وللاجابة على ذلك يمكن القول بأن الدوافع نعنى بها مجموعة المحركات التي تؤثر في السلوك، وتؤدي الى زيادته وتفعيله ولذلك يوجد نوعان من الدوافع:

١- دوافع أولية وهي الجوع والعطش.
٢- دوافع ثانوية وهي مؤثرات تكتسب من الاستثارة إذا صاحبت المؤثرات المنبعثة من الدوافع الأولية، ويمكن أن يكون الدافع الاولي ممثلا بالجوع. [١]

مثال: -

فإذا صاحبه رائحة طيبة أصبحت الرائحة دافع ثانوي يستدعي نفس الاستجابة وهي الأكل حتى لو كان الفرد غير جائع . حيث نستنتج مما سبق أنه يمكن تعلم نظام كامل من الحوافز الثانوية. وخير مثال على ذلك إذا كان المدح (التعزيز) على شكل نقود فهو حافز مادي يصبح ذا تأثير على طريقة التعلم، وبما أن فترة الطفولة الطويلة عند الإنسان يقوم بها المجتمع بإشباع حاجاته فهذا بدوره يؤدي إلى ظهور دوافع ثانوية، فالسلوك الأولي يقوى في مثل هذه الدوافع واللعب كأي سلوك آخر يقوى بواسطة الدوافع الثانوية.

تفسير نظرية سكنر للعب:

يعد (سكنر) من رواد النظرية السلوكية، فهذا الباحث اهتم بتفسير التعلم الاجرائي، حيث حدد ذلك بنوعين من السلوك:

---

(١) نبيل عبد الهادي، الدافعية والتعلم الصفي، مجلة القافلة، ص ٥٥.

١- سلوك الاستجابة الذي يقوم على الرابطة بين المثيرات والاستجابات.

٢- السلوك التلقائي ولا يشترط في هذا السلوك وجود المثير ومعظم السلوك البشري من هذا النوع.

ولهذا يرى (سكنر) بأن للتعزيز أهمية في تشكيل السلوك؛ حيث يرى بأن لهذه العملية اهمية في التعلم، وأن سرعة التعزيز بعد الاستجابة يؤكد عليها. كما اكد (سكنر) بأن التعزيز غير المنظم يعطي نتيجة أفضل من المنظم؛ حيث لا يسهل التنبؤ بموعد المكافأة أو التعزيز. مما يؤدي الى ظهور السلوك، وفي ضوء ما سبق طرح (سكنر) أنواع المعززات حيث أكد على نوعين:

١- **المعززات الإيجابية:** وهي إضافة مثير محبب بهدف زيادة ظهور سلوك محبب، وهذه المثيرات إذا أضيفت إلى الموقف قوت حدوثه ويتمثل ذلك كما في الطعام والشراب.

٢- **المعززات السلبية:** وهي حذف مثير مزعج بهدف إضافة سلوك محبب، وهي إذا أزيلت من الموقف قوت حدوث الاستجابة، وأثبت ذلك عن طريق إجراء التجارب حيث قام "سكنر" بوضع الحمام في قفص، وكان على الحمامة نقر قرص معين حتى تحصل على الطعام، وقد لوحظ أنه إذا قدم الطعام في فترات غير منتظمة، فإن الحمام يستمر في النقر لمدة أطول، وإذا ما أسقطنا هذه التجربة على الانسان وصغاره فإن الوالدين لا يستطيعان تعزيز سلوك معين عند طفلهما بمكافأته في كل مرة، حتى يحدث الاستجابة المطلوبة، وبهذا سيطور اللعب بهذه الطريقة، مما سبق نرى أن نظرية كل من (جاثري) و(هل) و(سكنر) تركز على عمليات التعميم والتمييز في التعلم وعلى عمليات التعزيز لتشكيل اللعب.

تفسير نظرية الجشتلطت للعب: -

ركزت هذه النظرية على دراسة الإدراك الحسيـ ومـن أهـم روادهـا (كوفكا، كوهلر)، والجشتلطت كمصطلح يعني الأشكال والتكوينات باللغـة الالمانية، حيث يمكن تلخيص هذه النظرية بأنها ترتكـز علـى التفكيـر الكلـي، والنظرة الكلية الشاملة، بالرغم من الأجزاء تكمـل هـذا الكل، ولكـن يمكـن استخدامها في تنمية التفكير المنطقـي، عـن طريـق استحداث أو استخدام اللعب فمـثلا: إذا أردنـا تـدريس الأرقـام مـن (١- ٢٠)، يمكـن وضـع أكيـاس تحتوي على كرات تمثل الأعداد المذكورة فنكلف الطفل (س) بأن يختار عدداً معيناً، وقد يختار اللعبة التـي تـدل عليهن كالكرات الموجودة في الأكيـاس، فهذا بدوره يمثل المجال والأعداد ضمن السلة تمثل الأجزاء، حيـث يكـون موقفـاً تكامليـاً، يستند إلى نظريـة الجشـتلطت، ويشكل بـذلك متطلبـات وقوانين النظرية وهي قانون الامتلاء والتوازن والتكامل والتقارب.

ومـن الجـدير ذكـره أن هـذه النظريـة أكـدت أن ردة فعـل (الفرد/الطفل) أي سـلوكه يتوقـف عـلى عمـره الزمني وشخصيته وحالتـه الراهنة، وجميع العوامل المحيطة بـه فمـثلا البالون لعبة ممتعة أو شيء خطر حسب عمر الطفل ونموه، وهذا هـو السـبب الـذي يجعل الطفل سـلبياً في موقف ما، وخجولاً في آخر، ومسـتريحاً في ثالـث، كـما يمكن قياس جاذبيـة اللعبة بالنسبة للطفل بمقدار الحركات التي يقوم بهـا الطفـل عنـدما يلعب باللعبة تلك، ويدرك الموقف الكلي للعبة.

تفسير نظرية جان بياجيه للعب:

ركزت على النمو المعرفي منذ الطفولة حتى مرحلـة المراهقـة والرشـد، حيث قام بياجيه بالملاحظة الدقيقة، لمـا يقـوم بـه الطفـل مـن سـلوك دون تدخل مباشر، إن وجهة نظر بياجيه متفقة مع وجهة نظر دارون، فالتكيف عند بياجيه هو تكيّف مع الحياة، فإذا تكيّف الفرد فهـو يؤكد بـذلك حالـة التوازن مع نفسه والبيئة.

يعتقد بياجيه أن هناك وظيفتين للتفكير ثابتتين لا تتغيران مع العمر؛ وظيفة التنظيم وهي نزعة الفرد إلى ترتيب وتنسيق العمليات العقلية في أنظمة كلية متناسقة ومتكاملة، ووظيفة التكيف وهي نزعة الفرد إلى التلاؤم مع البيئة التي يعيش فيها.

ينظر بياجيه إلى التكيّف على أساس أنه عمليتان متكاملتان، وهما المواءمة والتمثيل، والتمثيل هو نزعة الفرد أن يغير من صورة الشيء لتناسب ما يعرفه. أما الاستيعاب فهو نزعة الفرد أن يغيّر من استجاباته لتلائم البيئة المحيطة (تمثيل + مواءمة = تنظيم)، (تنظيم + تكيف = توازن). [1]

ويمكن توضيح علاقة ما سبق باللعب، أن بياجيه يربط بين نوعية اللعبة التي يقوم الأطفال بأدائها، وطبيعة المرحلة العقلية التي يمرون بها، فاللعب عند بياجيه يبدأ منذ مرحلة الحس حركية بحيث يتطور حسب مراحل متعددة. كما ترتكز محور نظرية جان بياجيه النمائية على النمو والتطور المعرفي، وهذا يمكن اجماله بنقطتين:

- ينمو الطفل ويمر بمراحل ولكل مرحلة سمات نمائية معينة، أي لها نمط من التفكير خاص بها، ونمط اللعب أساس التطور المعرفي.

- العمليات الصغرى المكونة للعب هي التمثيل والملاءمة والنشاط المستمر لهما يؤدي إلى النمو العقلي، والتقيد يحدث في حالة عدم التوازن بين التمثل والملاءمة، والتمثيل يحدث في حالة التوازن بين التمثل والملاءمة.

التطبيقات التربوية

للعب أهمية في حياة الاطفال، لا سيما وأنه ينمى قدراتهم المعرفية والجسدية والنفسية، ويجعلهم قادرين على الاستمتاع في حياتهم اليومية ولذلك يمكن استغلال اللعب في تفسير سلوكه، ممايؤدي الى تفعيل دوره داخل غرفة الدرس،

---

(١) نبيل عبد الهادي، النمو المعرفي، ص ٣٧.

بحيث لا يشعر بالملل والتكرار والروتين، ولكنه يجعل منه قادراً على تنمية تفكيره بصورة مباشرة، قادراً على الوصول للحلول، مما يشكل لديه بعض الاستراتاجيات في عملية التعامل مع المشكلات التي تحيط به، ومن ثم يجعل منه قادراً على التخلص من بعض المشكلات السلوكية والانفعالية التي يعاني منها، ولهذا يمكن اجمال ذلك بالنقاط التالية:

١- للعب أهمية في ترسيخ بعض المفاهيم الاجتماعية النفسية، كالتعاون والتنافس والاشتراك، وتكوين الادوار بشكل ايجابي.

٢- يمكن عن طريق اللعب الربط بين تعلم المعارف وطريقة إيصالها بشكل ايجابي للأطفال.

٣- يمكن ادخال نشاطات اللعب حسب النظريات السيكولوجية التي حاولت تفسيره في مناهج رياض الأطفال، والمرحلة الابتدائية الدنيا، وهذا يخضع تحت موضوع الوسائل والأساليب والانشطة.

خلاصة

تم التطرق في هذه الوحدة إلى عدة موضوعات تتعلق بنظريات سلوكية وأخرى معرفية، وتفسيرات هذه النظريات الخاصة باللعب، وعلاقتها بعملية نمو الأطفال، من جميع الجوانب، ومدى تأثير وتأثر الأطفال باللعب على اختلاف أنواعه.

وقد اتضح لنا أن لكل نوع من أنواع اللعب سماته وخصائصه وميزاته، التي تميزه عن غيره، والتي تؤثر على شخصية الطفل بشكل معين، ومن الجدير ذكره أن كل نوع من اللعب له أهمية، ووظيفة تختلف عنها في نوع آخر، كما ظهر انه ضروري، إذ يجعل الأطفال ينعمون بحرية وطمأنينة ليتسنى لهم الاستفادة من لعبهم قدر المستطاع، حيث يظهر الفرق بين طفل يستطيع أن يلعب وآخر لا يلعب ومدى تأثير ذلك على سلوك وتصرفات كل واحد منهم.

وتوضيحا لذلك يمكن عرض النموذج (٢-٦)

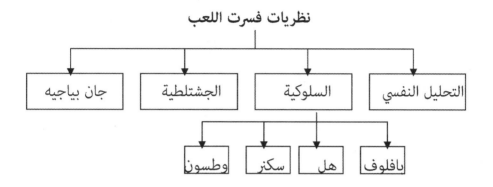

المصادر المراجع

- بلقيس (أحمد)، مرعى (توفيق). الميسر في سيكولوجية اللعب. - الطبعة الاولى، عمان: دار الفرقان، ١٩٨٦.

- توق (محيى الدين). علم النفس التربوي. - الطبعة الاولى. - عمان: مركز الكتب الاردني.

- سعد (جلال). - المرجع في علم النفس. - الطبعة الاولى. - القاهرة: ١٩٨٦.

- عاقل (فاخر). - علم النفس. الطبعة الاولى. - الجزء الاول. دمشق، ١٩٨٢.

- عبد الهادي (نبيل). - النمو المعرفي عند الطفل. - الطبعة الاولى. - عمان: دار وائل للنشر والتوزيع، ١٩٩٦.

- عبد الهادي (نبيل).- الدافعية والتعلم الصفي. - مجلة القافلة. - العدد (٣٠)، شهر (٥)، ١٩٩٨.

- صالح (احمد زكي). علم نفس التربوي. - الطبعة الاولى. - القاهرة ١٩٨٤.

- الخوالدة (محمد). اللعب الشعبي عند الاطفال. - الطبعة الاولى. - عمان: مطبعة رفيدي، ١٩٨٦.

- سيد (محمد غنيم). - النمو النفسي منذ الطفولة حتى مرحلة الرشد. - الطبعة الاولى. - القاهرة: دار بولاق، ١٩٨٦.

- ميلر (سوزنا). - سيكولوجية اللعب، ترجمة رمزي حليم ياسين. - الطبعة الاولى. - القاهرة: الهيئة المصرية العامة للكتاب، ١٩٧٤.

الوحدة الثالثة	مراحل نمــو اللعب

- تمهيد
- خصائص اللعب وسماته في مراحل النمو المختلفة.
- مرحلة التكوين.
- مراحل تحريك الأطراف واللعب العشوائي.
- خصائص مرحلة تحريك الأطراف واللعب العشوائي.
- مراحل الانتقال والتنقل
- خصائص اللعب في السنة الثانية من عمر الطفل.
- الالعاب التي تعطى الطفل في هذه المرحلة.
- مرحلة التجمع الأولى والثانية
- مرحلة التجمع الثالثة
- مرحلة اللعب المخطط
- التطبيقات التربوية
- خلاصة
- المراجع

الوحدة الثالثة
مراحل نمو اللعب

تمهيد:

كما علمنا أن للعب أهمية في تطوير قدرات الأطفال العقلية والنفسية والجسدية، ومدى أهميته في تطور المعارف لديه، وجعله أكثر قدره على التعرف على المعلومات من خلال عمليات استخدام اللعب الفعال.

وبعد أن تم شرح السمات المميزة للعب، وأهميته النفسية والتربوية والنظريات التي تفسره في الوحدة السابقة، سنتعرف في هذه الوحدة على مراحل نمو اللعب وتطوره من العشوائية إلى التمايز.

حيث سيتم في هذه الوحدة عرض لكل من خصائص اللعب وسماته العامة في مراحل النمو المختلفة، مرحلة تحريك الأطراف، مرحلة الانتقال، مرحلة التكوين، مرحلة التجمع الأولى، مرحلة التجمع الثانية، مرحلة التجمع الثالثة، وأخيرا مرحلة اللعب المخطط.

حيث سيتم التعرف إلى احتياجات الطفل النمائية التي تتصل باللعب، وتبيان خصائصهم وحاجاتهم في كل مرحلة من مراحل النمو، واستخدام تلك الألعاب وتوظيفها من أجل توفير فرص النمو المتكامل والسوي لديهم.

خصائص اللعب وسماته في مراحل النمو المختلفة:

يحتل اللعب مكانة هامة في حياة الطفل، لا سيما أنه ينمي القدرات والإمكانيات العقلية لديه، وتشير كثير من الدراسات في مجال سيكولوجية اللعب بأن اللعب يأخذ سمة دائمة لدى الطفل، فالطفل يعبر عما يجول في خاطره من أفكار وانفعالات تكون مكبوتة لديه، ولذلك يعتبر الوسيط الذي يؤدي إلى تفاعل الطفل مع

البيئة الفيزيائية والاجتماعية التي ينتهي اليها، فالألعاب تعتبر مجموعة من النشاطات التي تؤدي في المحصلة النهائية إلى تفريغ انفعالات الأطفال وتحقيق ذاتهم على جميع المستويات، لكن اللعب يرتبط بسمات عامة تكون لها علاقة وطيدة في مراحل النمو التي يمر بها سواء أكان ذلك على صعيدي النمو الحركي والنمو الانفعالي. وسمات اللعب وخصائصه يمكن إجمالها بشكل عام بالنقاط التالية:

١- الخصائص الجسمية: يرتبط اللعب بالتطور الجسدي لدى الطفل، وهذا ما يلاحظ في نوعية ألعاب الأطفال التي يمارسونها إذا ما تمت الملاحظة بشكل مقارن.

٢- النواحي النفسية للطفل: يحقق اللعب تفاعلا نفسيا لدى الطفل مع غيره من الأقران، ولهذا نجد أن كثيراً من الأطفال يستمتعون ببعض الألعاب التي لها علاقة في تفريغ انفعالاتهم، ولهذا فكثير من الدراسات أكدت على هذه الناحية بصورة مباشرة أو غير مباشرة، وبالذات عن أثر ممارسة الألعاب في مرحلة الطفولة المبكرة على تفريغ انفعالاتهم، وبالتالي يكون الأطفال متوافقين ومنسجمين مع غيرهم، وهذا ما يؤدي في المحصلة النهائية إلى النضج الانفعالي لدى الطفل، ويجعل منه أكثر تقبلا لواقعه وزملائه، ويخلصه من كثير من التوترات النفسية والانفعالية التي يعاني منها، فالتفريغ الانفعالي كما أشارت إليه سوزانا ميلر في كتابها "سيكولوجية اللعب" يعتبر أمرا هاما وضروريا لإيجاد صحة نفسية متكاملة لدى الطفل وهذا لا يحدث بصورة عشوائية وإنما لابد من تنظيم البيئة.

٣- النمو الاجتماعي: إن للعب أهمية في تشكيل العلاقات الاجتماعية الإيجابية بين الأطفال ولذلك نجد بأن الأطفال الذين لا يمارسون اللعب لا يتمتعون بشعبية عالية بين الآخرين، بسبب انعزالهم وخوفهم من الآخرين، وهذا يؤثر على شخصياتهم سلبا بحيث يكونون إنطوائيين غير متوافقين، ولا يوجد لديهم انسجام أو توافق مع أشقائهم، ويشير "ماكنوم" (Macnom)،بأن الطفل الذي

يوجد لديه قدرات عقلية عالية يكون قادرا على اللعب مع الآخرين وجذبهم إليه، ويتمتع بصفات قيادية أكثر من الأطفال الآخرين الذين هم أقل ذكاء. كما يشير إلى أن الطفل الذي يمارس الألعاب قد يبدع في ممارستها بشكل صحيح[1].

مرحلة التكوين:

في هذه المرحلة التي اجتاز الطفل فيها مرحلة تحريك الأطراف واللعب العشوائي في سنته الأولى، ومرحلة الانتقال والتنقل في سنته الثانية، ومن ثم وصل إلى مرحلة التكون (اللعب تشكيل وتكوين) في سنته الثالثة التي تستمر فيها ألعاب الطفل بالتطور مع تطور نموه وتتخذ أبعادا جديدة وتتصف بصفات مميزة.

في هذه المرحلة يكون الطفل قد أتقن الكلام، فتبدأ ألعابه تأخذ بعدا رمزيا بحيث يهتم بمعنى رموز الكلمات، وتكون ألعابه تخدم وظيفة معينة يستخدمها الطفل في عدة أشياء سواء وظيفية أو حس-حركية، ويقوم بتحريك أطرافه ومختلف أعضاء جسمه لتكوين حركات التوازن، حيث يقوم بتجربته في المحافظة على توازنه في الأماكن العالية، وركوب الدراجة ذات العجلات الثلاث، ويقوم بالقفز والجري، والدندنة والصراخ، ويمضي وقتا طويلا في النظر في الصور، والنظر إلى نفسه في المرآة، لأنه يبدأ في هذه المرحلة بالتعرف على ذاته والوعي لها.

وأهم خصائص ومميزات هذه المرحلة ما يأتي:

تتخذ ألعاب الطفل بعدا رمزيا، لأن الطفل يكون قد أتقن الكلام، وأصبح يفهم مدلول الأشياء ورموزها وماذا تعني له. فمثلا لو قلت للطفل "سيارة" فسيلتفت إلى لعبته "السيارة"، فيكون هنا مدلول "السيارة" ورمزها واضحا بالنسبة له، ولكن يبقى عاجزا هنا عن إعطاء عدة سمات مشتركة لهذا الصنف من الأصناف مثلا. وتصبح ألعابه تخدم وظيفة معينة لديه لأن عضلاته الكبرى قد تم نموها في الساقين

---

(١) ميلر، سيكولوجية اللعب، ص٤٠.

والظهر والبطن، فيستطيع تحريك مختلف أعضائه، وتكون أيضا حس-حركية يستخدم فيها حواسه المختلفة ويقوم بتحريك أعضائه لكي يتمتم، ليصرخ، ليقفز، ليجري، ويكون للأصوات أهمية كبرى في ألعاب الأطفال.

يهتم الطفل في هذه المرحلة بالدمى بشكل كبير، إذ يتفحص هذه الألعاب ويحاول التعرف على تركيبها وكيفية تشغيلها وعملها، ويعامل الطفل لعبته على أنها شيء حي، فيداعبها ويضربها ويؤنبها، وهذا يمثل بداية اللعب التمثيلي عند الطفل[١]

وتأكيداً على ذلك يشير جان بياجيه بهذا الشأن إلى أن الأطفال يضفون صفة الحياة على الجماعات والأشياء وهذا ما يطلق عليه بالاحيائية، حيث يخاطب الطفل دميته وكأنها حية، يتألم معها، ويحس معها، ويشعر بها.[٢]

كما يتصف لعب الطفل عندما يكبر بالفردية، وبحيث يحاول تقليد الكبار في أنماط السلوك التي يشاهدها، فهذا يكون بداية لممارسة اللعب الإيهامي.

يقوم الطفل بممارسة عدة ألعاب ومن الألعاب التي يقوم بممارستها في هذه المرحلة: ألعاب البناء أو التركيب، ويلعب أيضا بالطين والرمل والخرز، حيث يقوم بتشكيل عدة أشياء يكون متأثرا بها في البيئة المحيطة به، ويقوم باستخدام المكعبات الخشبية والمعجون والمقصات .

في هذه المرحلة يكون الطفل قد أتقن الكلام، ويكون قد تم نضجه، ويكون مستعدا للقيام بمختلف الألعاب المناسبة لسنه، ولن يكون قد تعلم الفروق الجنسية بينه وبين الطفل الآخر، فهذا يؤثر إلى حد كبير في نوعية اللعبة التي سوف يلعبها، أو يقوم بتقليدها أو تمثيلها، ويكون للبيئة التي يعيش بها الطفل تأثير كبير على نوعية اللعبة التي سوف يلعبها الطفل، فالبيئة التي تفتقر للمواد اللعب لا يكون لديها مختلف الألعاب التي سوف يستخدمها طفلها فهي تكون محدودة وتخدم أغراضاً تربوية

---

(١) توفيق مرعي، الميسر في سيكولوجية اللعب، ص٦٥.

(٢) Ausuable (D) Education Psychology: A cognitive View, P. ١٦٦

ونفسية محددة، بعكس البيئة الغنية التي تهتم بنوعية اللعبة التي سوف يلعبها طفلها ومدى تأثيرها على شخصية طفلها، وأيضا يتأثر الطفل بالأشخاص الموجودين حوله، فإما أن يقوموا بقمع الطفل وحرمانه وعدم الاهتمام بألعابه ونفسيته، وإما أن يقوموا بدعم الطفل وتوفير جميع الألعاب لديه، كما أن للشخصية وثقافة الوالدين أثراً يؤثر على الأطفال من حيث قوة الشخصية والأداء، أو اتجاههم فإما أن يقلد أباه المهندس، أو تقلد الفتاة أمها ربة المنزل، أو معلمتها في المدرسة، فيتأثر الطفل بالشخصيات والبيئة الموجودة من حوله [1]. هذه هي الصفات التي تتميز بها تلك المرحلة وأهمها في نظري:

أن الطفل قد يتعلم الكلام، وهذا يكون بداية لممارسة مرحلته التي يمر بها بشكل موسع ومنفتح أكثر وممهدا لممارسة مرحلة جديدة. كما أنه قد يكون تعلم الفروق الجنسية وهذا بدوره لا يؤثر في تحديد نوعية اللعبة التي سوف يلعبها الطفل وتأثره بالأشخاص والبيئة من حوله.

مرحلة تحريك الأطراف واللعب العشوائي (السنة الأولى من عمر الطفل):

تعد هذه المرحلة الأولى من المراحل السبعة التي يمر بها الإنسان في طفولته حتى بلوغه، وتم تقسيم هذه المرحلة إلى ثلاث مراحل فرعية :

المرحلة الأولى (منذ الولادة- ثلاثة أشهر):

يتميز لعب الأطفال في هذه المرحلة بالعفوية والحرية، وعدم قدرة الطفل على السيطرة على بعض أجزاء جسمه. ويتميز أيضا بالفردية. كما تظهر متعة الطفل من خلال إثارة حواسه واللعب بأطرافه ويستمتع الطفل عند القيام بهزه على السرير أو في حضن أمه، ويستمتع أيضا بالانقلاب، حيث يقوم بالاستلقاء على ظهره والرفس، وغيرها من الحركات العشوائية [2].

---

(١) عبد الرحمن الخلايلة، علم نفس اللعب، ص ٢٤.

(٢) عبد الرحمن الخلايلة، علم نفس اللعب.

المرحلة الثانية (من أربعة- ثمانية أشهر):

يكون اللعب أقل عشوائية، حيث يقوم الطفل بهز رأسه، ويحاول الوقوف ويهز جسمه، ويتم الانتقال من المرحلة الأولى إلى المرحلة الثانية بالتدريج.

المرحلة الثالثة (من تسع- اثني عشر شهرا):

يحاول الطفل الوقوف بالاستناد على السرير أو على الأثاث، ويقوم بالحبو وراء الألعاب، ويستمتع الطفل في تحريك الأثاث وإصدار الأصوات المزعجة (الضوضاء)، ويحب الطفل اللعب مع أمه وأخوته، خاصة اللعبة التي تختفي فيها الأم أو الأخوة وظهورهم فجأة، مما يؤدي إلى ضحك الطفل، فالطفل لا يمل هذه اللعبة بل يحبها[1].

خصائص مرحلة تحريك الأطراف واللعب العشوائي:

١. يعتمد الطفل في هذه المرحلة على تحريك أطرافه وأجزاء جسمه مثلا (يقوم برفع رأسه أو صدره وغيرها من الحركات).
٢. يكون اللعب غير هادف، ويكون للاستمتاع فقط.
٣. الحرية في اللعب فألعاب الأطفال في هذه المرحلة خالية من القوانين والقيود.
٤. يتعامل الطفل مع أمه وغيرها من الأفراد على أنهم من أدوات اللعب.
٥. توجه اللعب نحو أجزاء معينة من البيئة، وتركيزه في ذات الطفل[2].

الألعاب التي تعطى للطفل في هذه المرحلة : كرات المطاط، الحلقات، الخرز، صور الحيوانات الأليفة. كما نلاحظ أن هناك علاقة عضوية بين خصائص الطفل النمائية، وخصائص اللعب الذي يقوم بممارسته، ولا يمكن الفصل بينهما، لأن الطفل عن طريق اللعب يحاول السيطرة على أطرافه والمحيط الموجود فيه[3].

---

(١) سوزنا ميلر، سيكولوجية اللعب.

(٢) توفيق مرعي، الميسر في سيكولوجية اللعب.

(٣) عبد الرحمن الخلايلة، علم نفس اللعب.

مرحلة الانتقال والتنقل (السنة الثانية من عمر الطفل):

ينتقل الطفل من مرحلة تحريك الأطراف للعب العشوائي إلى مرحلة جديدة، وهي مرحلة الانتقال من اللعب غير الهادف إلى اللعب الهادف. وتكمن فوائد هذه المرحلة عندما يتعلم الطفل الحبو ثم المشي ثم تسلق الدرج فإنه تتغير لديه الأمور التالية:

١. يكتسب القدرة على أن يسيطر على حركات أصابعه.

٢. تتحسن قدرة الطفل على السيطرة على عضلاته.

٣. يكون لدى الطفل نشاط غير محدود مثلا (يحب تسلق الطاولة والكراسي، ويحب أيضا تذوق الأشياء وشمها) (١).

خصائص اللعب في السنة الثانية من عمر الطفل:

كثير من الابحاث والدراسات أشارت إلى أن اللعب يرتبط بطبيعة عمر الطفل من ناحية والفروق الفردية والبيئية من ناحية أخرى، ولذلك تمتاز خصائص اللعب:

١. يصبح لعب الطفل ذو هدف وأكثر تنوعا.

٢. تنتهي العفوية في لعب الطفل ويصبح أكثر تنظيما.

٣. يكون لعب الطفل فرديا، ويقوم بتقليد أعمال الكبار وحركاتهم.

٤. فقدان القدرة على التناسق بين حركات أعضائه.

٥. وفي نهاية السنة الثانية من عمر الطفل، يبدأ بالتمييز بين الدمى.

٦. يقلد الكبار في كثير من أعمالهم كأن يقلد والده عند قيامه بقراءة الصحيفة اليومية (٢).

٧. يحب سماع الموسيقى والأغاني، وسماع القصص، ومشاهدة أفلام الكرتون.

---

(١) توفيق (مرعي)، الميسر في سيكولوجية اللعب.

(٢) أوسفالد كولة، ولدك هذا الكائن المجهول، ترجمة امين رويحه.

٨. يبقى نشاط اللعب عند الأطفال في هـذه المرحلـة متميـزا بالفرديـة، ويكون دور الطفل المشاهد عند حضور مجموعة من الأطفال [١].

ما هي الألعاب التي تعطى للطفل في هذه المرحلة؟

للاجابة على هذا السؤال يمكن التأكيد على أن الالعاب التي يمكن تقديمها تكون على شكل علب بناء من الخشب، سيارة للحمل، كرة، سرير للدمى والعربات في غرفته. بحيث يكون لدى الطفل إلمام في هذه الالعاب، كما أنه كلما كبر الطفل سنة صغرت لعبه وتعقدت، وهذا يحدد عدة مراحل.

مرحلة التجمع الأولى :

تبدأ هذه المرحلة عند الطفل في الرابعة من عمره، فالطفل في هـذه المرحلة، يقوم باللعب مع غيره من الأطفال، فقـد يكـون الأطفـال مـن نفـس سنه أو أكبر منه.

وعند قيام الطفل باللعب مع أطفال أكبر منه سنا، فسيقوم الطفـل بمشاركتهم ألعابهم التي تمتاز بأنها تستغرق وقتا طويلا، وتتطلب من الطفـل الالتزام بقوانين اللعبة.

فالطفل في عمر الأربع سنوات يجد صعوبة في لعب هـذه الألعـاب، وإتقانها من أول مرة، وتعلم جميع قوانينها دفعة واحـدة، فهـو عـن طريـق المحاولة والخطأ والتقليد والنواهي التي يفرضها زمـلاؤه الصغار عليـه كلـما أخطأ بقوانين اللعب التعاوني يتعلم هذه اللعبة.

والطفل في هذه المرحلة يقدم دميته لطفل آخر، ولكنه لا يتخلى عنها نهائيا، وإنما يشترط استعادتها عندما ينتهي من اللعب بها [٢].

---

(١) عبد الرحمن الخلايلة ، علم نفس اللعب.

(٢) توفيق مرعي، الميسر في سيكولوجية اللعب.

والطفل في هذه المرحلة، يميل إلى اللعب في مكان يوجد فيه أطفال، ولكنه لا يلعب معهم، وإنما يلعب بوجودهم. وأن الطفل في هذه المرحلة، يظهر لديه نمط جديد من أنماط اللعب، وهو اللعب الإيهامي التخيلي وتمثيل الأدوار، فيقوم هذا النوع من اللعب على تقمص الطفل لشخصيات الكبار، كتقمصه دور أبيه أو أمه، ومن الألعاب التي يمارسها أطفال هذه المرحلة هي لعبة الحرامية والقط والفأر، وأيضا الطفل في هذه المرحلة يلعب الألعاب التي تعتمد على عضلاته العظمى والصغرى، أي التي تعتمد على الأيدي والأرجل كالقفز والجري وقذف الكرة.

الخصائص المميزة للعب في مرحلة التجمع الأولى:

بعد التطرق الى مرحلة التجمع الأولى يمكن طرح أهم الخصائص المميزة لهذه المرحلة:

١. يبدأ الطفل باللعب الاجتماعي: أي اللعب الذي يقدم فيه الطفل ألعابه لطفل آخر ولكن عدم التخلي عنها، أي بعد انتهاء اللعب بها يعيدها إليه.
٢. يلعب لعبا متوازنا: إن الطفل يقوم باللعب عند وجود أطفال آخرين معه في نفس المكان، ولكن لا يلعب معهم ولكن يلعب بوجودهم.
٣. يتأثر باللعب الاجتماعي بتشجيع من الكبار أكثر من تأثره بعامل النضج.
٤. إن اللعب الاجتماعي يؤدي إلى اللعب التعاوني أي اللعب مع الآخرين.
٥. يتقمص الطفل شخصيات الكبار ويمثل أدوارهم ويتفاعل معها.
٦. يلعب لعبا إيهاميا وقد يكون مخالفا لواقعه [1].

مرحلة التجمع الثانية :

تأتي هذه المرحلة بعد الاولى، حيث تعد ذات أهمية في إلقاء الضوء على سمات اللعب حيث تبدأ هذه المرحلة لدى الطفل في عمر خمس سنوات، ويطلق عليها مرحلة اللعب مع الآخرين، وذلك بسبب تقدم الطفل في نموه العقلي وتطوره

---

(١) توفيق مرعي، الميسر في سيكولوجية اللعب.

وأن الطفل في هذه المرحلة يبدأ بإعطاء الأسباب لأفعاله وآرائه، كما يبدأ بتكوين بعض المفاهيم غير أن تفكيره لا يؤول إلى نتيجة مادية حسية، وفي هذه المرحلة يميل لعب الأطفال نحو الواقع، واللعب التخيلي يقل بشكل تدريجي، وأن الطفل في هذه المرحلة لا يزال متمركزا حول ذاته * ، إلا أنه يبدأ بالميل إلى اللعب الاجتماعي والجماعي بشكل تدريجي، وأن الطفل في هذه المرحلة يميل إلى الرسم والتلوين وتسلق الأشجار، ونط الحبل، وممارسة الألعاب البهلوانية (١).

أما الخصائص المميزة للعب في هذه المرحلة فتكمن في النقاط التالية:

١. يميل اللعب إلى الواقعية.

٢. يبدأ اللعب الاجتماعي والجماعي بالازدياد بشكل تدريجي.

٣. يقل اللعب التخيلي وتقليد الأشياء الوهمية بالتدريج.

٤. يزيد اهتمام الطفل بالألعاب ذات القواعد والقوانين.

مرحلة التجمع الثالثة :

بعد ان تطرقنا الى المرحلتين الاولى والثانية يمكن التطرق الى مرحلة التجمع الثالثة التي تعد ذات أهمية في حياة الطفل حيث تمتد من سن (٥-٨ سنوات). وتعتبر هذه المرحلة اللعب التعاوني، وتتطابق هذه المرحلة مع مرحلة رياض الأطفال والابتدائية الدنيا. ويتخذ فيها اللعب أبعادا جديدة تتفق وما يطرأ على الطفل من تطور في أبعاد شخصيته الثلاثة، العقلية المعرفية، والجسدية الحركية، الوجدانية الاجتماعية أو النفسية الانفعالية.

ويكون الطفل في هذه المرحلة قد وصل إلى درجة جيدة من ضبط الجسم وضبط العضلات، حيث يحتاج الطفل في هذه المرحلة وبعد أن يدخل المدرسة إلى فرص كثيرة للعب العنيف، ليعوض ساعات السكون في حجرة الدرس "الحصة".

---

* سمة من سمات التفكير الحس حركي وما قبل العمليات بحيث يشعر الطفل أنه مركز العالم، ولا يتخلى عن وجهة نظره.

(١) عبد الرحمن الخلايلة ، علم نفس اللعب، ص٦٥.

ويلاحظ أن الأطفال في هذه المرحلة يهتمون بالمجالات التالية :

١. فلاحة البساتين.

٢. إجراء التجارب البسيطة.

٣. تمثيل الأدوار والشخصيات.

حيث يجد الأطفال المتعة في بناء الأشياء، وصناعة أشياء من الـورق والأقمشة، كما يظهر في هذه المرحلة بين الأطفال الشعور بالمنافسة، فيحـاول الطفل أن يكون الأحسن، وقد يؤدي ميل الطفل للمنافسة مـع نقص خبرتـه إلى مشكلات في اللعب، فيجب أن يتعلم الطفل كيف يتعاون مع مجموعات كبيرة من الأطفال، ويجب أن يتعلم كيف يقف مدافعا عن حقه[(١)].

إن التنافس وازدياد الزمرة أو جماعة اللعب هـما السـببان المتعلقـان باللعب التعـاوني، ففـي اللعب التعـاوني أو الاجتماعـي يشـارك الأطفال في وسائل وأدوات اللعب وأوجه نشاطه.

وتنظيم القواعد والقوانين المقبولة من أطرافه أساسا لأدائه ونجاحه، لذا كان يتطلب الكثير من التعلم والاستعداد ليصبح ممكنا ومقبولا لدى الأطفال. وتعتبر المشاركة وتبادل الأدوار والتعاون أساسيين في إحلال الوفاق وتقليل التنافس الحاد والخصومات التي تنشأ عادة في نطاق هذا النوع من اللعب. وهذا لا يعني أننا في تنظيمنا للعب الأطفال في هذه المرحلة، ينبغي أن نقاوم التنافس ونمنعه، بل ينبغي أن ننظم التنافس ونوجهه ليتخذ شكل التنافس مع الذات، بحيث تؤدي الى الطموح في اللعب المتوازن والفردي، والتنافس مع الجماعة في إطار الجماعة أو اللعب الاجتماعي التعاوني.

إن مشكلة الأطفال والتنافس مـع الجماعـة أهـم مبـادئ اللعب التعاوني، وهذا يضع مدارس الروضة والحضانة أمام مطالب خاصة وأدوار بارزة في مساعدة

---

(١) عبد الرحمن الخلايلة ، علم نفس اللعب ، ص ٤٥ .

الأطفال على الانتقال من اللعب المتوازن واللعب الرمزي الضيق إلى اللعب الاجتماعي بمعناه الكامل، حيث يتعلم الطفل معاني التعاون، والخطأ والصواب، والحقوق والواجبات، ويكتسب الاتجاهات الاجتماعية الإيجابية نحو الآخرين وخاصة أولئك الذين يشاركهم اللعب [1].

طبيعة الألعاب في هذه المرحلة

تشكل الألعاب التركيبية جانبا هاما من لعب الأطفال في هذه المرحلة ويتخذ أشكالا مختلفة، فالنماذج الأولى من هذا اللعب تتألف من عمل عجينة من الطين، جبال أو أنفاق من الرمل، واللعب بالمكعبات أو الخرز والمقصات والألوان والطباشير وأقلام الشمع ومواد اللصق.. الخ ويستخدم الطفل هذه الأدوات والمواد لعمل أشياء لها معنى محدد ويكتسب منها مفاهيم تلك الأشياء.

ويعد جمع الأشياء والعينات من النشاطات المحببة للأطفال في هذه المرحلة، فيقبلون على جمع الأشياء المحببة والجذابة لهم ويحفظونها في أماكن خاصة بهم، وينبغي أن يستغل الآباء والمعلمون هذا اللون من نشاط اللعب، كنشاط تربوي ينتقل فيه الطفل من مجرد النزعة إلى الجمع والاقتناء إلى معالجة الأشياء، على أساس دراستها والتعرف إلى خصائصها، وإدارة مناقشات وتساؤلات حول طبيعتها وميزاتها ويصنفها. وفي مثل هذا النشاط المنظم الهادف يقوم الطفل بعمليات عقلية كالفرز والتصنيف وعمل المعارض والمتاحف وعمل الرسوم وقصها وجمعها إلى غير ذلك من ألوان النشاط البنائي.

وكلما تقدم الطفل في العمر ازدادت قدرته على التصنع والتمثيل وتضاعف ذخيرته في اللعب إلى حد كبير، فسرعان ما يتحول السرير إلى حصان ومجموعة من الكراسي إلى زورق [2].

---

(١) توفيق مرعي، <u>الميسر في سيكولوجية اللعب</u>، ص ٣٢ .

(٢) أرنلد جيزل، <u>الطفل من الخامسة إلى العاشرة</u>.

والبنات هن أقرب إلى تمثيل المدرسة والمنزل والمكتبة في لعبتهن، ولكن الأولاد يغلب عليهم الاستعداد لمشاركتهن في بعض الأحيان، وقد أخذ إثر اختلاف الجنس في اختيار اللعب يظهر بصورة أوضح، فالبنات يفضلن لعب العرائس والبيوت وتمثيل الأدوار، والأولاد يفضلون الألعاب التركيبية والطرق والسكك الحديدية، وعلى ذلك فكلا الجنسين يجدان أن في اللعب الحركي الكبير واللعب التخيلي مجالا يلتقيان فيه، فكل منهما يحب الجري والقفز والتأرجح والسباحة والألعاب البهلوانية، وكلاهما يفضل اللعب بالكرة، لكن البنات يملن لتنطيط الكرة باليد، بينما يحاول الأولاد التدرب على أوليات لعبة كرة القاعدة ويستمتعن البنات بنط الحبل.

من خلال ما تقدم يمكن توضيح أهم الخصائص التي تتعلق بهذه المرحلة بحيث تتمثل في النقاط التالية:

١. مهام اللعب ومهاراته أكثر عددا أو تعقيدا.
٢. ميول المشتركين فيه متشابهة مما يؤدي إلى حدة التنافس.
٣. اللعب يتطلب قواعد وقوانين يجب الالتزام بها.
٤. طرق اللعب كثيرة وأساليبه متنوعة.
٥. يزداد حجم جماعة اللعب لدى الأطفال في هذه المرحلة.
٦. يعتبر التنافس ومشاركة الآخرين من أهم مبادئ اللعب التعاوني.
٧. تعتبر الألعاب التركيبية من أهم أنواع اللعب في هذه المرحلة مثل (المكعبات، الخرز، المقصات، الألوان، الطباشير، المعجون).
٨. يبدأ الطفل في هذه المرحلة باللعب المتوازي وهو أن يشارك الطفل في اللعب من بعيد ثم ينتقل إلى اللعب الاجتماعي التعاوني [١].

---

(١) عبد الرحمن الخلايلة ، علم نفس اللعب، ص ٦٥.

مرحلة اللعب المخطط (ما قبل المراهقة) (٨-١٢ سنة)

هذه المرحلة تعد ذات أهمية في حياة الطفل، خاصة عندما يصل الطفل إلى سن الثامنة تكون ميول اللعب قد بلغت الذروة في تنوعها فتزداد قدرته على تنسيق حركات الأيدي مع حركات العيون وتقوى العضلات الصغرى بدرجة ملحوظة ويبدو من الطفل أنه عازم على تجربة كل شيء وأنه قادر على ذلك[١].

في هذه المرحلة من مراحل تطور الطفل يبدأ اللعب الإيهامي ولعب تمثيل الأدوار أو اللعب التمثيلي الذي كان يقوم به الأطفال في المرحلة السابقة، وفي مرحلة التجمع الثالثة تبدأ بالتلاشي تدريجيا فمحاولة تقليد الأب أو الأم أو المعلم أو المعلمة وغيرها تنتقل من واجهة إلى خلفية ألوان نشاط اللعب المخطط الذي يسود مرحلة ما قبل المراهقة أو المرحلة الابتدائية العليا.

ويستمر في هذه المرحلة أن اللعب التخيلي الذي يلعب فيه الخيال والتصور دورا بارزا ولكنه يؤدي وظيفة سيكولوجية إيجابية تتصل بالتعبير والإبداع، وينبغي أن لا نحول بين الطفل وبينها ولكن في إطار منظم مخطط هادف (لعب الحرامية، الحرب، دور القرصان...).

والطفل في هذه المرحلة يكتشف أنماطاً جديدة من الألعاب تسمى الألعاب الإجرائية (Procedural games) أو ما يعرف بالألعاب الشعبية (Popular games) مثل (أعمال الحياكة، الصناعات اليدوية الحرفية، أشغال المعادن والأخشاب والنحت والرسم..) وتساعد مثل هذه الألعاب في تكوين التفكير المنطقي والتوصل نحو العقلانية في التفكير، لذا نرى الكثير منهم يبدأون بتعلم وممارسة ألعاب ورق اللعب المختلفة (الشدة) وألعاب الدومينو، والشطرنج والداما، وتجدهم يقبلون عليها وعلى مثيلاتها ليس فقط لما يتطلبه أداؤها من تنظيم منطقي وتفكير منظم.

---

(١) توفيق مرعي، الميسر في سيكولوجية اللعب، ٨٠.

إن ألوان اللعب الهادف المخطط توفر للأطفال فرص النمـو العقلـي والوجداني والجسدي المنظم فتساعده على تنمية مهارات التواصل والتعاون مع الآخرين واحترام الحقوق والواجبات وتنمية احترام الذات لـديهم وتزيـد مـن قـدرتهم عـلى تفهـم حاجـات الأطفـال الأخـرى واكتسـاب العـادات الاجتماعية التي تعين الطفل على التكيف مع عناصر البيئة والتوافق مع جميع من يتصل بهم من الناس ومع ذاته كذلك [1] ونلاحظ أن الأطفال في هذه المرحلة يميلون إلى اللعب الجماعي ونتيجة لذلك يشعر الأطفال أنهـم بحاجة إلى قضاء وقت طويل مع الأصحاب والرفاق وبذلك يكـون كـل طفـل محبوب ومقبول لدى الجماعة التي ينتمي إليها.

ولاشك أن ممارسة الطفل معظم ألعابه في زمر ومجموعات في الأتراب تؤدي إلى تكوين ما يسمى بالشلل أو العصابات.

ونلاحظ في هذه المرحلة أن ميول الصبيان والبنات تختلف بوجه عام ويغلب ألا يقبل كلا الجنسين أحدا من الجنس الآخر في جماعته حيث يبقـى انتماء الصبي للصبيان والبنت للبنات.

وتتأثر أنماط اللعب ومستوياته في هذه المرحلة بكثير مـن العوامـل البيئية والوراثية والجنسية والثقافية، ومع أن الوقت المتوافر للعب في هـذه المرحلة يميل نسبيا حسب متطلبات الدراسة والمدرسة، إلا أن الطفل يحرص على إيجاد فرص للعب خارج جدران المدرسـة، وبعـد أوقـات الـدوام فيها خاصة إذا كانت المدرسة من النوع الذي لا يوفر أية فرص للعب في نطاق النشاطات المنهجية (الصفية أو غير الصفية).

كما تعتبر ألعاب التركيب والبناء المخططة أو ألعاب الجمع والتصنيف وألعاب التحليل والتفسير والألعاب الرياضية والرسم والنحت والتلوين مـن ألعاب الطفل المفضلة في هذه المرحلة، بالإضافة إلى أن التمثيل ومشاهدة الأفلام وقراءة

---

(١) عبد الرحمن الخلايلة، علم نفس اللعب ، ص ٤٥ .

القصص والكتب تعتبر من مواد اللعب التي تستهوي الأطفال في المرحلة المخططة لما توفره لهم من متعة وتسلية وفائدة[1].

من خلال عرض ما سبق يمكن ذكر أهم خصائص مرحلة اللعب المخطط وتكمن في النقاط التالية:

١. يستمر اللعب التخيلي الذي يلعب فيه الخيال والتصور دورا بارزا ولكنه يؤدي وظيفة سيكولوجية إيجابية تتصل بالتعبير والإبداع.
٢. تظهر الألعاب الإجرائية أو الشعبية المألوفة وهذه تساعد في تكوين التفكير المنطقي.
٣. إن اللعب الهادف المخطط يوفر للأطفال فرص النمو العقلي والوجداني والجسدي فتساعده على تنمية مهارات التواصل والتعاون مع الآخرين واحترام الحقوق والواجبات، وتنمي احترام الذات وتزيد من قدرته على تفهم حاجات الأطفال الأخرى واكتساب العادات الاجتماعية.
٤. يتكون لدى الطفل اتجاهات من نوع الاعتزاز والانتماء إلى بعض الشلل والانتماء إلى أبناء جنسه.
٥. يتأثر اللعب بأنماطه ومستوياته في هذه المرحلة بكثير من العوامل البيئية والوراثية والجنسية والثقافية مع أن وقت اللعب في هذه المرحلة يقل نسبيا[2].

مما لاشك فيه أن اللعب المنظم المخطط والموجه تربوياً مبني على إمكانات هائلة للنمو المتعدد الجوانب للطفل، ومن حيث الانتباه والتفكير. ومن خلال نشاط اللعب المخطط تتهيأ إمكانات كبيرة لنمو الهادف في السلوك كما ان المثابرة والإدارة والمشاعر الاجتماعية والخصال الحميدة كالحب والوفاء والتعاون تستلزم

---

(١) توفيق مرعي، الميسر في سيكولوجية اللعب.

(٢) عبد الرحمن الخلايلة، علم نفس اللعب ، ص ٤٨ .

عملية البناء البشري من المعلم تجسيدها في الممارسات التربوية اليومية لخدمة الأهداف التربوية في المجالات العقلية والوجدانية والجسدية. ولذلك نجد أن هذه المرحلة تستلزم نوعاً محدداً من الألعاب حتى ينمي قدرات الطفل العقلية والجسدية والنفسية.

التطبيقات التربوية

من خلال عرض ما سبق يمكن القول إن اللعب يمر في مراحل متعددة فلكل نوع من اللعب سماته وخصائصه التي تميزه عن غيره، ولذلك يجب علينا أن نحدد الطرق والأساليب التي نتبعها في هذه المراحل، ونستطيع تفعيل دور الطفل داخل غرفة الصف، ويمكن تحديد ذلك بعدة نقاط

١- توفير ألعاب تتناسب مع قدرات الأطفال العقلية، وهذا بدوره يؤدي الى تفعيل استيعاب الطفل.

٢- استخدام أساليب وطرق تعد ذات أهمية في ممارسة الالعاب.

٣- تشكيل مجموعة من النشاطات المتعلقة بالألعاب، حتى تؤدي في المحصلة إلى زيادة استيعاب الاطفال.

الخلاصة

تطرقنا في هذه الوحدة للحديث عن مراحل نمو اللعب حيث تبين لنا أن مراحل النمو مترابطة مع بعضها البعض ومتتالية بداية بمرحلة تحريك الأطراف، التي تحدث عند أطفال السنة الأولى، وتصف لعبهم العشوائي وغير الهادف والذي يعتمد على حركة الأطراف فقط وتركيز اللعب على ذات الطفل ثم الانتقال إلى المرحلة الثانية، وهي مرحلة الانتقال والتنقل والتي تحدث عند أطفال السنة الثانية وتصف لعبهم الذي يكون أكثر تنوعا من المرحلة السابقة ويكون هادفا وأكثر تنظيماً لأن الطفل يسيطر على أطرافه بصورة بدائية.

ثم ننتقل إلى المرحلة الثالثة، وهي مرحلة التكوين ويتحدث عن أطفال السنة الرابعة، حيث يغلب على أطفال هذه المرحلة إكثارهم من اللعب الجماعي واللعب المتوازي، بالإضافة إلى اللعب الإيهامي، ثم ننتقل إلى المحلة التالية وهي مرحلة التجمع الثانية، والتي تركز وتتحدث عن أطفال السنة الخامسة.

وتبين أن الطفل في هذه المرحلة يميل في لعبه إلى الواقعية ويقل لعبه التخيلي، ويميل إلى الاهتمام بالألعاب ذات القوانين والقواعد، بعد ذلك تحدثنا عن مرحلة التجمع الثالثة عن الأطفال من سن (٥-٨) سنوات، وتصف ألعابهم بأنها تميل إلى الكثرة والتنوع، والتعقيد وتغلب روح المنافسة عليها.

ووصولا إلى مرحلة اللعب المخطط والتي تتحدث عن أطفال ما قبل المراهقة من سن (٨-١٢) سنة، وتصف ألعابهم بأنها هادفة وتنمي فرص النمو العقلي والوجداني والجسدي. وبذلك تم التطرق إلى مراحل نمو اللعب وتطوره من العشوائية إلى التمايز.

إن الطفل قبل المدرسة يحتاج إلى ثماني ساعات في اليوم، وهو بحاجة إلى مكان يلعب فيه، مع عدم وجود إزعاج أو تشويش، ولا يجوز إبقاؤه دون وطن في عالم اللعب [١]، ويمكن عرض ذلك بالنموذج رقم (٣-٧)

---

(١) توفيق مرعي، الميسر في سيكولوجية اللعب ، ص٤٥ .

مراحل نمو اللعب
تمهيد
خصائص اللعب وسماته في مراحل مختلفة
مرحلة التكوين
مراحل تحريك الاطراف اللعب العشوائي
خصائص مرحلة تحريك الاطفال
خصائص اللعب في السنة الثانية
الالعاب التي يمارسها الاطفال
مراحل التجميع

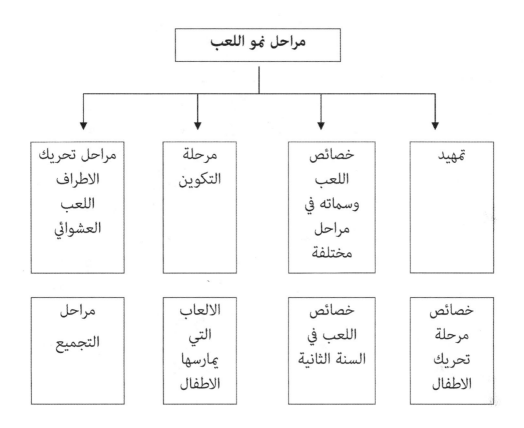

المصادر والمراجع

- جيزل (أرنلد). –الطفل من سن الخامسة الى العاشرة؛ ترجمة عبد العزيز توفيق جاويد. – القاهرة: دار الثقافة، ١٩٥٦.

- الخلايلة (عبد الرحمن). علم نفس اللعب. – الطبعة الاولى. – عمان: دار الفكر، ١٩٩٥.

- كوله (اوسفالد). ولدك هذا الكائن المجهول؛ ترجمة امين رويحه. – الطبعة الاولى، بيروت: دار القلم، ١٩٧٤.

- مرعي (توفيق). – الميسر في سيكولوجية اللعب. – الطبعة الاولى. – عمان: دار الفرقان، ١٩٨٦.

- ملير (سوزنا). – سيكولوجية اللعب؛ ترجمة رمزي حليم ياسين. الطبعة الاولى.- القاهرة: الهيئة المصرية العامة، ١٩٧٤.

- Ausuabel (D). – Educational Psychology: A cognitive view. First Edition. – NewYork. Rinehart awinstm ١٩٦٨.

مؤثرات اللعب	الوحدة الرابعة

الوحدة الرابعة
مؤثرات اللعب

تمهيد

يعد اللعب ذو أهمية في حياة الاطفال، وهو بمثابة المحرك الـذي يؤدي الى زيادة دافعيتهم في التعلم، وهـي التـي تشكل مجموعـة المعارف لديهم وهذا يتم عـن طريـق زيادة نشاطاتهم التـي يمارسونها مـن خـلال اللعب، والذي يؤدي الى الاكتشاف والتعرف على البيئة التي تحيط بالطفل، كما يؤدي ذلك الى زيادة التعلم ومعرفة الحقائق، واللعب بـدوره يـؤدي إلى إزالة الملل والاكتئاب لدى الاطفال، كـما يـؤدي الى عمليـة التفريغ الانفعالي غير أن هنـاك بعض العوامل التي قـد تـؤثر عـلى اللعب، ممثلاً ذلك بـما ستتطرق اليه هذه الوحدة؛ الصحة والنمو الحركي، والذكاء، والجنس والبيئـة والمستوى الاجتماعي والاقتصادي، وأوقات الفراغ، ومواد اللعب كما سنتطرق إلى اللعب والاستثارة الاجتماعية الفكرية وتأثير الاتجاهـات الوالديـة اضافة الى ذلك التطبيقات التربوية والخلاصة.

أولا: العوامل المؤثرة في اللعب
أ) الصحة والنمو الحركي :

إن الأطفال الأصحاء بدنيا يلعبون أكثر ويبذلون جهـدا ونشاطا أكثر، من الأطفال معتلي الصحة، فالأطفال الـذين يعـانون مـن سـوء في التغذيـة، والرعاية الصحية يكونون أقل لعبا وأقل اهتماما وعناية بالألعاب والدمى.

أما بالنسبة للنمو الحركي، فيلعب دورا في تحديد مدى نشاط اللعب لدى الطفل،فالطفل الذي لا يستطيع قذف والتقاط الكرةمن الطبيعي أن لا يشارك أقرانه

في العديد من الألعاب التي تعتمد على التناسق الحركي، كألعاب التقطيع والتركيب والرسم والعزف. وبشكل عام فإن الصحة تؤثر سلبيا أو إيجابيا على اللعب.

ب) الذكاء :

كما يعد الذكاء من العوامل المؤثرة على اللعب، ولذا فإن الاطفال الاذكياء أكثر لعبا وأكثر نشاطا في العابهم، من الأطفال الأقل ذكاء، فالطفل الذكي ينتقل من اللعب الحسي إلى اللعب القائم على المحاكاة بسرعة ويبرز لديه عنصر الخيال أثناء ممارسة اللعب، أما مواد اللعب فيفضل الأطفال الأذكياء الألعاب التي تعتمد على النشاط التركيبي النباتي والألعاب الابتكارية كالصلصال والمقصات والرسوم والزخرفة، كما يبدون اهتماما بالكتب للحصول على المعرفة والانسحاب من الجماعة. كما يميل الأطفال النابهون إلى الألعاب العقلية، ويستمتعون بجمع الأشياء ولديهم هوايات أكثر من الأطفال الآخرين، بينما الأطفال الأقل ذكاء يميلون إلى الألعاب التي تتضمن نشاطا جسميا قويا.

وكلما تقدم الأطفال في السن تصبح الفروق بين الأطفال مرتفعي الذكاء ومنخفضي الذكاء أكثر وضوحا. وبشكل وبآخر فإن الذكاء والقدرات العقلية ذات أهمية في اختيار نوع اللعب وكيفية استخدامها بشكل يؤدي الى تفعيل دور الطفل بالاستمتاع.

ج) الجنس (الفروق بين لعب البنين ولعب البنات):

وهذا هو العامل الثالث الذي يؤثر في اللعب، إن الفروق في اللعب بين البنين والبنات لا تتضح في السنوات الأولى من حياة الطفل، فلو توفرت بيئة وألعاب واحدة، لن تظهر أية فروق قبل مرحلة المراهقة، أواسط ثقافية مختلفة أدت إلى ظهور هذه الفروق في سن مبكرة، فالطفل يدرك وفي سن مبكرة أن هناك ألعاباً ملائمة للأولاد وأخرى للبنات، وتلعب الاتجاهات الوالدية وانتقاء أدوات اللعب ووجود أمثلة من زملائهم في اللعب ووجود أطفال أكبر سنا دورا حاسما في تدعيم المؤثرات الثقافية بين الجنسين.

وبشكل عام تفضل البنات اللعب بالدمى والألعاب المتعلقة بالأدوات المنزلية والخرز والمكعبات، وتفضل ألعابا كنط الحبل وألعاب الاختفاء وأن يلعبن لعبة الأسرة أو المدرسة. أما الأولاد فيفضلون اللعب بالقاطرات والعربات والدبابات والطائرات والسفن والمسدسات، ويلعب الأولاد بعنف أكثر من البنات، وإذا أتيحت الفرصة للأولاد والبنات للعب بنفس مواد اللعب فإن ما يتوصل إليه الأولاد يختلف عما يتوصل إليه البنات، وتبدو الفروق بين الجنسين واضحة فيما يتعلق بالقراءة وبرامج الإذاعة والتلفزيون، ويتم تشجيع هذه الفروق في العديد من المجتمعات بشكل إيجابي. وملخص القول إن الفروق بين الجنسين في اختيار ألعابهم تتأثر بالثقافة الأسرية (ثقافة الوالدين) والبيئة الاجتماعية المحيطة بهم.

د) البيئة :

تؤثر البيئة الاقتصادية والاجتماعية في اللعب، فالأطفال في البيئات الفقيرة يلعبون أقل من الأطفال في البيئات الغنية، وذلك لأن عدد الألعاب في البيئة الفقيرة يكون أقل، بالإضافة إلى أن الوقت الذين يقضونه يكون أقل مما يقضيه الاطفال في بيئات العينة، وهذا يعزى لانشغالهم في نواحي الحياة هذا من ناحية، وعدم توفر اماكن اللعب من ناحية اخرى، كما يتأثر الأطفال بعامل المكان، فإما أن يلعب الأطفال في الشوارع أو في الساحات أو في الأماكن الخالية القريبة من مساكنهم، وقلة منهم تلعب في النوادي والملاعب. وبذلك تؤثر البيئة التي ينتمون إليها على الكيفية التي سيلعبون بها وعلى نوعية الألعاب التي يمارسونها.

كما تؤثر الظروف البيئية في نوعية اللعب، فعلى سبيل المثال في الشتاء في المناطق المعتدلة يخرج الأطفال للعب في الحدائق والمنتزهات، بينما يستمتعون في المناطق الباردة بالتزحلق على الجليد واللعب بالثلج، وفي المناطق معتدلة الحرارةيمارسون اللعب في المناطق المغلقة،وفي المناطق شديدةالحرارةيهرع الأطفال

إلى شواطئ البحر، او حمامات السباحة، أما المناطق الريفية والصحراوية فيقل نشاط اللعب بسبب الانعزال الجغرافي وقلة أدوات اللعب وربما وقته.

هـ) المستوى الاجتماعي الاقتصادي :

يؤثر المستوى الاجتماعي الاقتصادي (Socio Economic) في لعب الأطفال- فالأطفال الذين ينتمون إلى مستويات اجتماعية اقتصادية مرتفعة يفضلون أنشطة تكلف بعض المال كالتنس والسباحة ..الخ، بينما يشترك الأطفال في المستويات الأقل في أنشطة ضئيلة التكاليف كألعاب "الاستغماية"، كما أن الوقت المخصص للعب يتأثر بالطبقة الاجتماعية، فالوقت المتاح أمام الأطفال من الأسر الفقيرة يكون أقل من الأطفال ذوي المستوى الأعلى، وذلك بسبب ضرورة مشاركتهم اسرهم في بعض أعبائها الاقتصادية اليومية.

و) أوقات الفراغ :

يختلف استغلال أوقات الفراغ من جماعة لأخرى، في بعض القبائل المعينة في إفريقيا والتي تعتمد على الزراعة والرعي، يدرب الأطفال على الطاعة والمسؤولية وتقديم الخدمات، فهم يساعدون الأمهات في الزراعة ويدربون على الرعي وتقوم البنات في أعمال المنزل ورعاية الصغار،والأطفال الذين يذهبون للرعي لا يقضون كل وقتهم في إنجاز واجباتهم بل يتسلقون الأشجار ويلعبون بمياه الجدول والدمى الوحيدة لديهم، والمقاليع التي يصنعها الأولاد في المنازل ليصطادوا بها الطيور، وقد تعطى الأمهات أطفالها أوراق شجر أو علب فارغة ليلعبوا بها. أما الأطفال الأمريكيون فأمرهم عكس ذلك، فقد يشارك الآباء أبناءهم في اللعب في أوقات الفراغ كما يصحب الآباء أبناءهم إلى حديقة الحيوان أو السيرك أو المتاحف، فأطفال ما قبل المدرسة يقضون وقتهم في اللعب، أما في سن المدرسة فينتظم وقت الفراغ بواسطةجدول مدرسي،وفي العطلات يقضون أوقاتهم في

الملاعب وفي ممارسة ألعاب متعددة. وهناك جماعات أخرى تقع ما بين هذين المجتمعين المتناقضين في استخدامها لوقت الفراغ .

ز) مواد اللعب :

تعد هذه النقطة من النقاط المهمة التي تؤثر مواد اللعب في نشاطه، فالألعاب التركيبية البنائية والمكعبات والرمال والأجهزة التي يقوم الطفل بفكها وتركيبها تكون موجهة للجانب العقلي من شخصية الطفل. أما اللعب الصغيرة كالعرائس فتستخدم لعدة أغراض فهي دعامات في اللعب الوهمي، كما يظهر من خلالها الطفل شعوره ويمكن أن تكون انيساً له اذا كان الطفل خائفا. كما أن الألعاب الممثلة بأشكال الحيوانات والسيارات تسمح للطفل أن يكوّن لنفسه عالما خاصا في لعبه التخيلي، والدمى الناعمة أو الصوفية تبعث الراحة إلى الأطفال وتخفف القلق عنهم.

من خلال ما ورد ذكره نلاحظ أن نشاط اللعب ينسجم مع جوانب شخصية الطفل الجسمية والعقلية والانفعالية والاجتماعية، ولكن بنفس الوقت يجب تحديد مقدار معين من مواد اللعب، لأن ذلك يشجع على أن يكون لعب الأطفال أكثر غنى بالمصادر وأكثر اجتماعية مما لو ازدحم بمواد كثيرة.

ثانيا : اللعب والاستثارة الاجتماعية والفكرية :

من فوائد اللعب أنه يؤدي إلى الاستثارة الاجتماعية والفكرية، فقد أثبتت الدراسات في مجال سيكولوجية اللعب، كدراسة في مجال التربية الخاصة أطفال المؤسسات التي تختص في هذا المجال بأن لديهم عجزاً شديد في المهارات الاجتماعية واللغوية والعقلية إذا ما قورنوا بالأطفال العاديين كما أنهم يمارسون اللعب بشكل أخفّ وأقل نضجا ويكون خاليا من الإبداع، وقد يعزى ذلك للحرمان من الأم ونقص الدمى وعدم وجود الكبار الذين يلعبون مع الأطفال، فالطفل بحاجة لأن تستثار عنده النواحي الاجتماعية والعقلية، والتي تتوفر في اللعب، وطفل المؤسسات لا توجد لديه هذه الفرصة التي تتوفر للطفل العادي.

ثالثا : تأثير الاتجاهات الوالدية :

تنعكس طبيعة الأسرة ان كانت "متسامحة أو مستبدة" على مقدار النشاط والابتكار في لعب الأطفال، فالأسر المتسامحة التي تشرح أسباب فرض القواعد لأطفالها، وتحاول تجنب التعسف تجعل اطفالهم محبين للبحث مبدعين بنائين في لعبهم وسلوكهم العام، بينما الأسر المستبدة التي تفرض القيود دون تشاور على ابنائها أشد عدوانا في اللعب، وقد وجدت الدراسات أن الأطفال الذين يُصفعون أو يزجرون أو يعزلون كانوا أشد عدوانا بكثير في العابهم من الاطفال الذين يتمتعون بالامن، كما أن للوالدين أهمية في تشجيع أبنائهم على اللعب، وكيفية ممارسته، كما يتوقع أن يكون هناك تأثير على تنمية قدرات اطفالهم الابداعية والعكس بالعكس.

التطبيقات التربوية

نلاحظ من خلال عرض ما سبق بأنه نستفيد من هذه الوحدة عدة نقاط منها:

أولاً: العوامل المؤثرة في اللعب الصحة والنمو الحركي فالأطفال الأصحاء بدنيا يلعبون أكثر ويبذلون جهدا ونشاطا أكثر من الأطفال معتلي الصحة والنمو الحركي يلعب دورا في تحديد مدى نشاط اللعب عند الطفل.

ثانياً: أما الذكاء فالأطفال الأذكياء أكثر لعبا وأكثر نشاطا في ألعابهم من الأطفال الأقل ذكاء، ويفضل الطفل الذكي الألعاب التي تعتمد على النشاط التركيبي البنائي والألعاب الابتكارية كالصلصال والمقصات والرسم والزخرفة.

ثالثاً: الجنس يحدد النشاط الذي يمارسه الأطفال فتفضل البنات اللعب بالدمى والألعاب المتعلقة بالأدوات المنزلية، أما الأولاد فيفضلون اللعب بالقطارات والعربات والدبابات والطائرات وتؤثر البيئة الاقتصادية والاجتماعية في اللعب، فالأطفال في البيئات الفقيرة، يلعبون أقل من الأطفال في البيئات الغنية، كما أن الظروف تؤثر في نوعية اللعب فاللعب في المناطق المعتدلة يختلف عن اللعب في المناطق الشديدة البرودة، كما ونوعا.

رابعاً: المستوى الاجتماعي والاقتصادي يؤثر في لعب الأطفال فالأطفال الـذين ينتمون إلى مستويات اجتماعية اقتصادية أعلى يفضلون أنشطة تكلف بعض المال كالتنس والموسيقى والرحلات، بينما يشترك الأطفال في المستويات الأقـل في أنشطة ضئيلة التكاليف. أما بالنسبة لأوقـات الفـراغ فيختلـف اسـتغلال وقت الفراغ من جماعة إلى أخرى فهناك جماعـات يكـاد يكـون فيهـا نشـاط اللعب معدوما، وجماعات أخـرى يشـارك فيهـا الآبـاء أبنـاءهم في اللعـب في أوقات الفراغ، وهناك جماعات أخرى تقع بين هذين المجتمعين المتناقضين في استغلالها لوقت الفراغ.

وإذا ما تفحصنا أدوات اللعب فـإن لهـا دور بـارز في تشـكيل نشـاط اللعـب ونمطه وليس من الغريب أن ينسحب ذلك على كافة جوانب شخصية الطفل أكانت جسمية أو عقلية أو انفعالية أو اجتماعية

أخيرا، فقد أثبتت الدراسات أن اللعب يؤدي إلى الاستثارة الاجتماعيـة والفكرية أي يطور الناحية الاجتماعيـة والفكريـة لـدى الطفـل والاتجاهـات الوالديـة تـؤثر عـلى مقـدار النشـاط والابتكـار في لعـب الأطفـال، فـالأسر المتسـامحة التـي تشرـح أسـباب فـرض القواعـد لأطفالهـا وتحـاول تجنـب التعسف أنجبت أطفالاً مبدعين مبتكرين، بنائين في سلوكهم العام، أمـا الأسر المستبدة أنجبت أطفالاً مسالمين ممتثلين محدودي التطلع والابتكار والخيال.

خلاصـــة

من خلال ما تم عرضه في هذه الوحدة ممثلاً بالعوامل المؤثرة في اللعب، واتجاهات الوالدين نحو الطفل، وكذلك اللعب والاستثارة الاجتماعية الفكرية فإن هذا بدوره يقودنا الى التطرق الى اللعب والاستطلاع ولهذا يمكن ان نوضح ما جاءت به الوحدة بالشكل ذي الرقم (١-٤)

اللعب الاجتماعي وتأثير الفروق الفردية والاجتماعية على اللعب

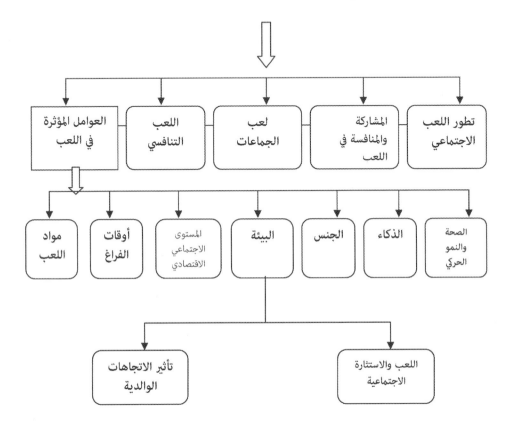

تطور اللعب الاجتماعي
المشاركة والمنافسة في اللعب
لعب الجماعات
اللعب التنافسي
العوامل المؤثرة في اللعب
الصحة والنمو الحركي
الذكاء
الجنس
البيئة
المستوى الاجتماعي الاقتصادي
أوقات الفراغ
مواد اللعب
اللعب والاستثارة الاجتماعية
تأثير الاتجاهات الوالدية

المصادر والمراجع

- بلقيس (أحمد)، مرعي (توفيق). - الميسر في سيكولوجية اللعب. - الطبعة الاولى. - عمان: مطبعة حطين، ١٩٨٢.

- الخوالده (محمد). اللعب الشعبي عند الاطفال. - الطبعة الاولى. - عمان: مطبعة رفيدي، ١٩٨٧.

- Elkind (D) .- preschool education – Enrichmeytoc Instruction chilnood Education, ٣٢١، ١٩٦١.

الوحدة الخامسة
اللعب والاستطلاع

- تمهيد
- نمو الاستطلاع
- العوامل التي تحدد الأشكال التي يستجيب لها الوليد.
- نظريات الاستطلاع
- علاقة الاستطلاع بالملل والحيرة
- التنوع
- خصائص المواد التي تجذب الانتباه
- وسائل التنظيم الذاتي
- التطبيقات التربوية
- خلاصة
- المراجع

الوحدة الخامسة
اللعب والاستطلاع

تمهيد

تشير الدراسات في مجال سيكولوجية اللعب إلى أن الأطفال يقضون معظم وقتهم في اللعب، ممثلاً ذلك بسلوك النظر والاصغاء، كما انهم يستجيبون عامة للمؤثرات التي تجذب انتباهم، حتى الاطفال حديثي الولادة الذين لم تكتمل لديهم وظائف المركز العصية العليا، فإنهم يقومون بالانتباه والاصغاء عند اللعب، وذلك بأن يقوم الرضيع في الشهور الاولى من الولادة بمتابعة بقعة متحركة، وإن كان لا يستخدم بصره بشكل متناسق، كما أن الأطفال يستجيبون للمثيرات المفاجئة اكثر من المثيرات الواضحة والهادئة. ولذا سيكون موضوع هذه الوحدة متصلاً بنمو الاستطلاع من خلال عملية اللعب، حيث سنتطرق الى عدة نقاط في هذا المجال.

يعرف الاستطلاع بأنه مجموعة الحركات التي تتمثل في الانتباه والتأمل والحركة التي يقوم بها الطفل لاكتشاف ما يحيط به من مؤثرات في بيئته الاجتماعية والفيزيائية التي ينتمي إليهما.

نمو الاستطلاع :

كما أن الطفل الوليد يقوم باكتشاف البيئة المحيطة به، فهو يقضي وقت يقظته وراحته في النظر والإصغاء إلى المؤثرات ويزداد ذلك بزيادة النمو. والشكل رقم (٥-٩) يوضح ذلك:

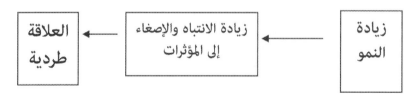

ولكـن يختلـف الأطفـال في مـدى استجابتهم للمثيرات في الأيـام الأربعـة والخمسة الأولى في حياتهم، وقد تكون هـذه الفـروق في الاستجابة موروثـة كما قد تسبب الولادة القوة في قابلية الطفل للاستجابة .

وهكذا يظهر نوع بدائي مـن التعلم الـذي يبـدأ في السنوات المبكـرة، وبالرغم من وجـود فـروق فرديـة بـين الأطفـال، فإن خصائص المثيرات التـي تستوجب من الطفل النظر أو الإنصـات لمدة طويلة تقع مـا بين خصائص المثيرات القوية التي يترتب عليها الإزعاج والبكاء ومحاولة الابتعـاد، وخصائص المثيرات الصادقة المتكررة الرتيبة التي تؤدي بالطفل إلى فقدان الانتباه.

كمـا ان التنظيـم الإدراكـي للخبرات الحسـية يبـدأ أولا بعمليـة إدراك، الشكل كمدرك بارز مميز عن أرضيته، بمعنى آخر فإن أول مـا يجـذب الوليد هو عناصر بسيطة في المجال الحسي كأشكال محـددة لا معنـى لهـا، ثم تنمـو قدرته على إدراك الأشكال الأكثر تعقيدا . وتوضيح ذلك فالشـكل رقـم (٥-١٠) يبين هذه العلاقة

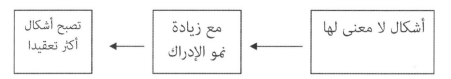

ومن خلال اجراء تجربة في هذا المجال لوحظ أن الأشـكال المعقدة كـالقرص الـذي يستخدم للتدريب على إصابة الهدف أو لوحة الشطرنج ذات المربعات المتباينـة في لونها قد استرعت انتباه الأطفال في سن أربعة أيام حتى خمسة عشر أسبوعا مدة

أطول بكثير مـن تلك التي يمضونها في النظر إلى الأشكال البسـيطة مثل المثلثات والمربعات[١].

ومن مظاهر اهتمام الطفل باكتشاف مـا حولـه مـن أشياء. أول مـا يقوم بالنظر اليها، ثم يحاول أن يتحرك متجها اليها، يحاول لمسها والإمسـاك بها ولا يحدث هذا قبل أن يتم التآزر بـين اليد والعـين في الشـهر الثالـث أو الرابع وهذا ما يطلق بتآزر الحس والحركة معا[٢].

العوامل التي تحدد الأشكال التي يستجيب لها الوليد :

بعد ما تم التحدث عن عمليـة الاستطلاع وأثرها في عمليـة اللعـب، يمكننا أن نطرح السؤال التالي ما هي الاشكال التـي يستجيب اليهـا الطفل الوليد؟ للاجابة على ذلك يتمثل بالعوامل التالية:

١- التغيير :

يولد الأطفال ولديهم ميل للانتباه إلى الأشكال والأحداث التـي تتسـم بالتغيير ويتضمن التغيير المظاهر الآتية :

أ- الحركة : وتتمثل بحركة الألوان التي تؤدي الى استثارة انتباه الطفل والتحرك تجاهها والشكل رقم (٥-١١) يوضح ذلك

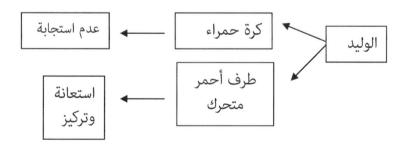

(١) توفيق مرعي، الميسّر في سيكولوجية اللعب ، ص ٤٥ .
(٢) سوزانا ميلر، سيكولوجية اللعب، ص ١٢١.

ب- التباين

ونعني بذلك ان يركز الطفل بين الأشياء المختلفة، وبالتالي يتشكل الفهم لديهم.

٢- اللون :

يفضل الوليد اللون الأحمر ثم الأصفر وهكذا، بمعنى آخر يفصل الألوان الملفتة للنظر والصارخة .

٣- الخطوط المنحنية :

ويظهر أثرها واضحاً في التأثير على سلوك الطفل الذي يراقب هذه الخطوط، حيث تجعل من الطفل قادراً على النظر مدة أطول.

نظريات الاستطلاع

من اشهر نظريات الاستطلاع نظرية (هوايت) التي تعد ذات أهمية في تفسير هذه الظاهرة، حيث تشير إلى أن مجموعة النشاطات التي يقوم بها الطفل المتمثلة بالاكتشافات تعد ذات أهمية في زيادة معرفته وتطوير بيئته المعرفية، بالرغم مما يراه الآخرون بأن ذلك نشاط غير هادف وغير طبيعي، في حين أن هذا هادف ومعبر بالنسبة للطفل، وهذا يتفق مع ما جاء به (بياجيه) حيث ميز بين القيام بعمل ما كفهمه واكتساب مهارات جديدة وبين تكرار هذا العمل بمجرد الاستمتاع بأدائه، فمحاولة الطفل أن يلمس إحدى اللعب المعلقة أو أن يجعلها تتمايل من جانب لآخر لا يعتبر لعبا، ولكنه إذا قام بهذا العمل مرارا وتكرارا بعد أن يكون قد اكتسب هذه المهارة وبحيث لا يكون هذا الأداء هادفا إلى استيعاب مدركات جديدة أو تحقيق أهداف عملية هامة فإن هذا النشاط يعتبر لعبا.

وقد لاحظ فالتين (Velteen) أن أحد الأطفال بعد أن تعلم لتوه كيف يقف، يحاول أن يقف بينما يمسك بفمه كرة كبيرة، وأخذ يكرر هذه المحاولة حتى تمكن من ذلك، ومن الألعاب المفضلةلدى الأطفال في هذه السن أن ينظروا من بين

أرجلهم حتى يروا العالم من خلالها مقلوبا رأسا على عقب، وأيضا قيامهم بحمل أشياء ثقيلة أثناء المشي[1].

بشكل أو بآخر ترى نظرية (هوايت) بأن اللعب يجب ان يتصل بالتكرار واتقان مهارة الاداء والاستمتاع بها بشكل افضل، دون ذلك لا يصبح لعباً ويمكن أن نوضح ذلك بالشكل ذي الرقم (١٢-٥)

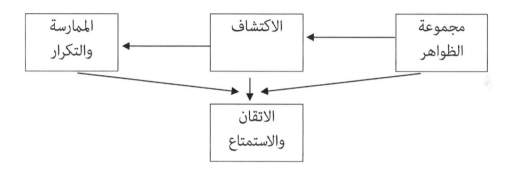

علاقة الاستطلاع بالملل والحيرة

تدل الشواهد من حياة الإنسان والحيوان على أن التكرار المستمر لنفس النماذج وغيرها يؤدي إلى ضعف إنجاز الأعمال والملل وعدم القدرة على الانتباه، وبذل محاولات التغيير، وهذا يعني أن الإنسان يفضل المناظر الجديدة لا المألوف منها.

وأشارت إحدى الدراسات التي كانت بعنوان "أثر استخدام الأضواء الملونة على انتباه الطفل"، والتي أجريت على أطفال في سن الثانية، واشتملت على عدد من الألوان والأضواء، إلى أن الأطفال ينظرون إلى الألوان والأضواء اللافتة للنظر دون ملل[2].

---

(١) سوزانا ميلر، سيكولوجية اللعب، ص ١٢٦.

(٢) Bruce, Joyce, Models of teaching. ٤٥

وقد أكدت الدراسة السابقة أن استجابتهم إلى تلك الأضواء والألوان تفوق استجابتهم للمثيرات الأخرى وللانتباه لها لمدة طويلة، وهذه القدرة تتزايد لدى الطفل مع التقدم في السن تدريجيا، بسبب النضج التدريجي للقدرات الدماغية[1].

وقد يعرض للطفل مثلا صورة تضم رأس حيوان وجسم إنسان، عندها يقع الطفل في حيرة ويصعب عليه تصنيفها، ولكن عندما يكون أحد المؤشرين سائدا بدرجة أكبر على الآخر، فإن ذلك يكون أدعى إلى التقليل من حدة الصراع المعرفي، وبالتالي تصبح عملية الاستيعاب أكثر سهولة، وخير مثال على ذلك شجرة ملونة باللون الأحمر تصبح غير مألوفة، إلا أنها تظل شجرة بكل وضوح بالرغم من الاختلاف في اللون.[2]

وقد وجدت نتائج التجارب التي أجريت على بعض العاملين في مجال الملاحظة ومراقبة الآلات،بأنهم يعانون الملل وعدم الاستمتاع، لأن هذا العمل يسيطر عليه الروتين.[3]

كما أنه من المعروف كما ذكر سابقا أن الأطفال في سن الطفولة يميلون دائما إلى الاكتشاف ويحبون استطلاع كل شيء غير مألوف، وذلك تبعا لاستمرار نموهم المعرفي وحيث تضمن الاستطلاع التعرف على الأشياء، ومحاولة لمسها ويتم ذلك بعد الشهر الثالث، حيث يتم التناسق بين اليد والعين، وهذا ما يطلق عليه التآزر الحس حركي حسب النظرية المعرفية، أما حسب النظرية السلوكية فترى أن أي شيء جديد (أي مثير) تكون الاستجابة له أسرع وأقوى من أي مثير مألوف ومتكرر لدى الأطفال. فإذا تعرض الطفل لأكثر من مثير في نفس الوقت، فإن ذلك يشتت انتباهه ويضعه في حيرة ومن الصعب عليه أن يحللها معا، وذلك يؤدي إلى تشتت معرفي.

(١) عبد الكريم الشطناوي، سيكولوجية اللعب، ٦٠.

(٢) توفيق مرعي، الميسر في سيكولوجية اللعب، ص ٣٥.

(٣) سوزانا ميلر، سيكولوجية اللعب، ص ٤١.

والشكل رقم (٥-١٣) يوضح ذلك

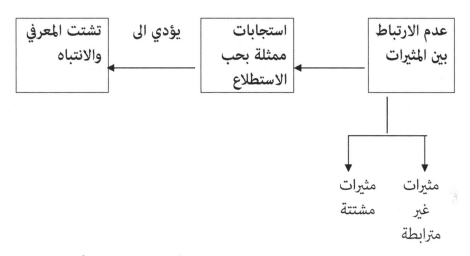

نلاحظ مـن خـلال عـرض الشـكل السـابق، بـأن هنـاك ارتباطاً بـين المثيرات المتناثرة وتشتت الانتباه.

التنوع

عندما يمارس الطفل لعبة بإتقان يشـعر بإثارة، وتصبح ذات أهميـة بالنسبة له ولدى الأطفال الآخرين الذين يشاركون بها، حيث يعد ذلك شيئا جميلاً الى حد كبير، وهذا بدوره يؤدي الى تفعيل دور الطفل خاصة في مجال استيعابه اللعب، وبالتالي يـؤدي ذلك الى ايجاد التنـوع الـذي يعـرف بأنـه مجموعة الحركات المتنوعـة التـي تتجـه نحـو مثيرات مختلفة. فالقدرة البشرية على الإحاطة بجميع المتغيرات، التي تجري مـن حولنـا محـدودة، ومع ذلك فإن الاطفال لا يستطيعون في بعض الاحيـان معالجـة قـدر وافـر من التعقيد الموجود في بيئتهم، والقدرة عـلى تجميع الحـوادث وتصنيفها وتلخيصها، فإن ذاكرتهم المباشرة أو قدرتهم على إعادة مجموعـات الأرقـام أو الحروف أضعف من ذاكرة الكبـار، وتتحسـن بتطورهم المعـرفي، وهـم بحاجة إلى وقت أطول للتدريب ويكونون بحاجـة إلى التصـنيف في أثنـاء تقدمهم . كما أن الاطفال الكبار بشكل عام يكونون أكثر معرفة . وتحت

تصرفهم وسائل أكثر تمكنهم أن ينسقوا معلوماتهم ويهضموها عقليا. كما يتوقع على هذا الأساس أن الأطفال الذين يخيرون بين أداء مهارتين، فلاشك أنهم سيعمدون إلى اختيار المهارة الأيسر لأنها لا تكلفهم مهارة عالية. ومن هنا يجب أن نفرق بين الشكل التنوعي من السلوك الاستطلاعي وبين الاستطلاع البسيط:

فالاستطلاع البسيط ينشأ من مجرد فضول شيء لم تكتمل المعلومات عنه، أما التنوع فينشأ من الدافع الذي يتغير لمثير لمجرد عملية التغيير ذاتها.

وهناك سلسلة من الدراسات اختبرت الفرض القائل بأن تفضيل الأطفال للتغيير إنما يرتبط بقدرتهم على المعالجة أو التصنيف أو التنسيق، ولذلك قامت عدة تجارب متعلقة بهذا الشأن وهي عبارة عن عرض سلسلة من الكلمات والحروف على شاشة الكمبيوتر. بحيث تختلف في درجات تقاربها من اللغة العامية ثم يتم تكرارها بشكل مستمر، وكان على الأطفال المفحوصين من سن (٦-١٥) سنة أن يضعوا علامة على ما يفضلونه منها على قطعة ورق.

وكانت النتيجة أن تفضيل الاطفال الصغار التكرار والتسلسل اللغوي الذي يحتوي على مقادير كبيرة من الحشو يفوق تفضيل الأطفال الأكبر لها. وقد أظهر الكبار تفضيل التسلسل المتباين، كما أظهرت التجربة عدة أشكال تم عرضها على الأطفال لذلك فقد فضل جميع الأطفال الكبار الشكل ذا العشر زوايا في معظم الأحوال، لكن صغار الأطفال كان تفضيلهم للأشكال ذات الزوايا الأكثر عددا يفوق تفضيل كبار الأطفال. وإذا كان الشيء المفضل نوعا من التنوع أسبق قليلا من الشيء الذي يهضم عقليا، فإن تفضيل الأطفال الصغار للأشكال المتعددة الزوايا يحتاج إلى توضيح إضافي.

وقد وجدت سوزانا ميلر، ميلاً واضحاً لدى صغار الأطفال نحو الانتباه إلى الأجزاء من النموذج، أكثر من الانتباه إلى الكل، ولربما كانت الأشكال بهذا المعنى تبدو لهم أيسر، ومع ذلك فإن تعقيد النموذج لا يرادف بالضرورة صعوبته. مثال ذلك فإن منفضة السجائر والحذاء يختلف بعضها عن بعض من عدة وجوه، ولكن

التمييز بينها أيسر من التمييز بين الدوائر والمثلثين اللذين يختلفان في الشكل، وهما بالتالي أكثر بساطة، ويمكن أن يكون الشكل أكثر تعقيدا وأكثر بساطة في وقت واحد، إذا به عدد كبير من السمات التي تساعد على تمييزه من الأشكال الأخرى والرموز المتباينة تجعل الشكل معقدا.

ولكن تمييزه يكون أيسر إذا ما أعطي الوقت الكافي، ولربما كان اختيارنا للأشكال المعقدة في التجارب السابقة مجرد اختبار لوقت أطول[١].

ويعرف التنوع بأنه مجموعة الحركات المختلفة التي تتجه نحو مثيرات مختلفة، بحيث يلاحظ السلوك الاستطلاعي لدى الاطفال عندما يتلقون لعبة جديدة وتكون تلك اللعبة تحتوي على أزرار ومحولات وأدوات تشغيل، فيأخذ الاطفال باستكشافها بالضغط على الأزرار، فيجمع بين ضغط الأزرار وإضاءة الضوء أو إحداث الصوت أو تحريك اللعبة[٢].

وهذا ما عبره الشكل التنوعي من السلوك الاستطلاعي وهو يختلف عن الاستطلاع البسيط والفرق بينهما يكمن في الجدول رقم (٥-٢):

الاستطلاع البسيط	التنوع
ينشأ مجرد فضول لشيء لم تكتمل المعلومات عنه	ينشأ من الدافع إلى تغيير المثير لمجرد عملية التغيير ذاتها.

فإن التنوع يعطي فرصة لإشباع حاجات الطفل، والتغلب على الملل والحيرة. وتأكيدا على ذلك أجريت إحدى الدراسات التي توضح بأن الأطفال الصغار يميلون للتنوع والتغيير أكثر من الأطفال الأكبر سنا، والتي أجريت على العينة (٦-١٥) سنة، بحيث عُرضّت سلسلة من الحروف والكلمات على شاشة الكمبيوتر، فكان بعضها متسلسلاً ومتكرراً، بحيث اختار صغار الأطفال التكرار

---

(١) سوزانا ميلر، سيكولوجية اللعب ، ص ٤٥.

(٢) Bruce Joyce, Models of teaching.

والتسلسل اللغوي الذي يحوي على مقادير كبيرة من المعلومات يفوق كبار الأطفال اللذين اختاروا التسلسل الذي يبلغ أقصى حد من الاختلاف[(١)].

فإن الأطفال الصّغار يميلون للتنوع والتكرار أكثر من كبار الأطفال، فالأطفال معروفون بالتحول أثناء اللعب فإبقاء الطفل بعمل معين يحتاج إلى تغيرات خارجية مستمرة أكثر مما يحتاج إليه البالغ.

خصائص المواد التي تجذب الانتباه

دراسات كثيرة ومتعددة في مجال سيكولوجية اللعب، تشير في نتائجها إلى أن المواد التي تختص بالألعاب يجب أن تمتاز بالخصائص التالية :

١. **التغير والتجديد:** فالمواد التي تتميز بألوان زاهية وتطلق رائحة مفاجئة ولها أصوات تجذب انتباه الأطفال، أكثر من المواد التي اعتاد عليها الأطفال فإنه يطلق على هذه الظاهرة ظاهرة "الاعتياد". وهي تعرف بالاستجابة لأي شيء يمكن أن تنخفض إذا تكرر عرضها المثير عدة مرات، إن الطفل يجمع المعلومات عن المثير الجديد، وكلما جمع معلومات تزداد لديه الصورة الذهنية وضوحاً عن ذلك المثير.

٢. **التعقيد :** فكلما كان المثير معقداً، أدى ذلك إلى اهتمام الطفل به.

٣. **الغرابة:** عندما يقدم شيء غير مألوف إلى طفل فإنه يكون حتما مدفوعاً إليه أولاً بهدف جمع المعلومات عنه وثانياً استجلاء الموقف لإزالة وجه الغرابة عنه. فالأشياء التي تشكل حيرة عند الأطفال أفضل من الأشياء التي لا تحدث عندهم حيرة .

يجب العناية بألعاب الاطفال حتى نهيأ لهم بذلك الفرصة التي يجنى منها القدرة والعادات الاجتماعية، فعند اختيار الألعاب يجب أن تتناسب مع عمر الطفل وقدراته العقلية من ناحية والمرحلة التي يمر بها وميوله من ناحية أخرى، فكلماازدادعمر الطفل ازدادميوله إلى اللعب الأكثرتعقيدا.وكلما زاد عمر

---

(١) مرعي (توفيق)، الميسر في سيكولوجية اللعب.

الطفل زادت رغبته في استطلاع الأشياء الأكثر جدة، وتأكيداً على ذلك قام مندل لويتس(Mendel Lewtes) بإجراء تجربة حتى يثبت هذا المبدأ، فقام بوضع مجموعة من الأطفال بين سن الثالثة والخامسة تعودوا على اللعب بثماني لعب صغيرة، قدم لهم مجموعات أخرى من اللعب ليختاروا منها ما يريدون أن يلعبوا به وكانت هذه المجموعات مصممة بحيث تختلف عن مجموعة اللعب الأصلية.

فالأطفال الأكبر سنا قامّوا باختيار الألعاب ذوات الدرجات العليا من الجدة، أما الأطفال الأصغر سناً فلم يظهر اختيارهم أي تفضيل بين تلك الدرجات.

وأما بالنسبة لخاصية التعقيد فكلما كان الطفل أكبر سنا يفضل الألعاب الأكثر تعقيدا، لكن يجب أن تكون درجة التعقيد مناسبة له، وإذا زادت تصبح شيئاً غير مرغوب فيه. فإذا كان التعقيد بشكل كبير فإن ذلك يولد لدى الاطفال التوتر، أما إذا كان التعقيد أقل فإن الاطفال سيميلون الى الألعاب الأقل تعقيدا.

وأما بالنسبة لخاصية الغرابة فإنها تقوم على أساس ما يسمى الصراع المعرفي حيث تتنافس معلومتان أو أكثر في جذب الانتباه للمواد التي تختص بالاطفال وألعابهم، بحيث تتميز بخصائص تجذب انتباه الأطفال، فالجدة والتعقيد والغرابة، ثلاثة عوامل تجذب انتباه الطفل وتدعوه إلى تناول الأشياء واستكشافها.

كما يجب العناية بألعاب الاطفال حتى نهيئ لهم بذلك الفرصة، التي يجني منها القدرة والعادات الاجتماعية، فعند اختيار الألعاب يجب أن تتناسب مع عمر الطفل وقدراته العقلية والمرحلة التي يمر بها وتناسب ميوله. بحيث كلما ازداد عمر الطفل ازداد ميوله إلى اللعب الأكثر تعقيدا وغرابة.

وسائل التنظيم الذاتي :

إن الأطفال يكررون ويمارسون تلقائيا كل مهارة جديدة عند ظهورها، فالأطفال يثرثرون عندما لا يجدون من يسمح لهم باللعب أو ينهضون ويتحركون وينتقلون من مقعد إلى آخر دون أن يكافئهم على قيامهم بذلك أحد.

وقد أطلق "بدوين" (Bedween) على هذه الألعاب ردود الأفعال الدائرية، حيث افترض بأنها ظهرت في أسلوب انعكاسي، بإعادة تثبيت الفعل آلياً، عن طريق المنبهات التي يحدثها.

وخير مثال على ذلك الطفل الذي يصرخ ويسمع لنفسه عندما يقوم بهذا السلوك، وهذا ينبه إلى الاستمرار في الصراخ. وقد وافق بعض الباحثين في مجال سيكولوجية اللعب "بدوين" في التأكيد على أهمية المثيرات التي تؤدي الى ردود الافعال لدى الاطفال التي تصبح في المحصلة النهائية آلية تُشكّل سلوك التنظيم الذاتي لديهم، كما انه يوجد هناك مؤثرات جديدة تحدث نتيجة أفعال محددة تتم عن طريق الصدفة التي لها أهمية في تكرار هذه الأفعال. وخير مثال على ذلك الخشخشية التي عند تحريكها يحدث ضوضاء، وعندما نستمر في تكرار الحركة من أجل الحصول على نتائج جديدة ويصبح الطفل أخيرا قادرا على تنويع أفعاله من أجل الحصول على نتائج مختلفة. ومثال آخر متعلق بهذه الناحية الطفل الذي يعبث بالملعقة ويضرب بها على الزجاجات والأكواب والطاولة أو أي شيء آخر غيرها، فإن هذا السلوك يمنحه رغبة في التكرار.

كما أن النشاط الحر التلقائي للطفل، لا يحدث فقط على سبيل الترفيه، وإنما هو الفرصة التي يجد فيها الطفل مجالا لتحقيق أهداف النمو، فمثلا الطفل يبدأ بوضع الصناديق الصغرى داخل الكبرى في البداية، وبعد ذلك يقوم بوضع الصناديق بشكل عمودي، ثم بعد ذلك يقوم بعمل مجموعات عديدة هكذا. فإن وسائل التنظيم الذاتي تشمل التنظيم الفكري والحركي والسلوكي لدى الطفل عندما يمارسها بشكل مباشر، وهذا يتوقف على ثلاثة نقاط:-

١. مدى استمتاع الطفل بهذا اللعب.

٢. مدى جذب اللعب انتباه الطفل.

٣. مدى إتقان الطفل لطريقة اللعب بشكل متكامل. وتأكيدا على ذلك تشير الدراسات في مجال سيكولوجية اللعب، إلى أن وسائل التنظيم الذاتي لها علاقة

وطيدة في نوعية اللعب، ولهذا نجد الكثير من الباحثين في هذا المجال وامثال سوزان ميلر تؤكد على أن اختيار الالعاب من الأطفال أنفسهم يعد أهم من عملية جذب انتباههم .

كما تؤكد ميلر بأن الألعاب التي تفرض على الأطفال، لا تحظى بتقبل واسع لديهم ويملّون منها بسرعة، وهذا ما أكدت عليه، فالألعاب التي يختارها الأطفال بمحض إرادتهم فإنها ترغّب الطفل في ممارسة لعبه من خلالها أكثر فأكثر فيتقنها ويبدع فيها، وقد أجريت بعض الدراسات على عينتين من الأطفال متجانسي- العمر، فالعينة الأولى فرضت عليها ألعاب تمارسها دون رغبتها والعينة الثانية أعطيت الحرية في اختيار ألعابها، فأظهرت العينة الأولى مللاً واضحاً وعدم اكتراث بألعابهم. أما الثانية فكانت أكثر إبداعا وتوافقا وانسجاما.

التطبيقات التربوية

من خلال العرض السابق لموضوع اللعب والاستطلاع، نجد أنفسنا كعاملين في مجال الاهتمام بالطفولة ورعايتها، ومعلمي الاطفال في الروضات والمدارس الابتدائية الدنيا، أنه يتوجب علينا أن نوفر للأطفال ألعاباً تمتاز بالجدة والإثارة والغرابة، وهذا بدوره ينمي حب الاستطلاع لدى الاطفال، كما يجب علينا مراعاة خصائص هذه الألعاب بتنوعها، بحيث يؤدي ذلك الى تشكيل سلوك الاكتشاف لدى الاطفال، على أية حال يمكن زيادة نشاط الاطفال عن طريق اتباع النقاط الآتية:

١- أن نوفر لهم ألعاباً تنمي قدراتهم الجسدية والعقلية والنفسية.

٢- تشكيل بعض الاستراتيجيات التعليمية بحيث تكون قائمة على اللعب البعيد عن الروتين الذي يشكل الكآبة لدى الاطفال.

٣- أن تجذب لهم الآلعاب الاستمتاع وتؤدي الى الاكتشاف.

خلاصة

من خلال عرض ما سبق، يمكن القول بأن هذه الوحدة تطرقت الى عدة موضوعات متعلقة بعلاقة اللعب والاستطلاع ممثلا ذلك على النحو التالي:

أولاً: إن أول ما يجذب انتباه الوليد هو عناصر بسيطة في المجال الحسي- يستجيب لها كأشكال محددة لا معنى لها، ثم تنمو بعد ذلك قدرته على إدراك الأشكال الأكثر تعقيدا. ممثلا ذلك بالعوامل التي تحدد الأشكال التي يستجيب لها الوليد

- التغير ويشمل تغير المظاهر الآتية :

أ- الحركة ب- التباين ج- اللون د- الخطوط المنحنية

ثانيا: علاقة الاستطلاع بالملل والحيرة :

إن وجود مثير متغير سواء أكان مألوفا من قبل أو لم يكن، فإن رد الفعل عليه يكون أسرع منه بالنسبة للمثير غير المتغير.

ثالثا: التنوع

إن تنوع فرص الاستطلاع تمكن الأطفال من التخلص من الملل كما أن الأطفال الصغار يميلون إلى التكرار والتنوع، أكثر من الكبار والأطفال المعروفين بالتحول في معظم الأحوال من عمل إلى آخر.

رابعاً: خصائص المواد التي تجذب انتباه الطفل :

أ- تمتاز بالتغير والتجديد

ب- تمتاز بالتعقيد

ج- تمتاز بالغرابة

من خلال عرض ما سبق يمكن أن نوضح ذلك بالمخطط رقم (٦-٥):

اللعب والاستطلاع
وسائل التنظيم الذاتي
خصائص المواد التي تجذب الانتباه
نمو الاستطلاع
علاقة الاستطلاع
التنوع

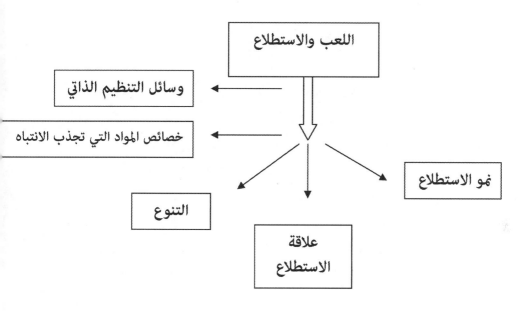

المصادر والمراجع

- الخلايلة (عبد الرحمن). – علم نفس اللعب. – الطبعة الاولى. – عمان: دار الفكر، ١٩٩٥.

- الشطناوي (عبد الكريم). سيكولوجية اللعب. – الطبعة الاولى. – عمان: دار الصفاء للنشر، ١٩٩١.

- مرعي (توفيق). الميسر في سيكولوجية اللعب. – الطبعة الاولى. – عمان: دار الفرقان، ١٩٨١.

- ملير (سوزنا). سيكولوجية اللعب؛ ترجمة رمزي حليم ياسين. – الطبعة الاولى.- القاهرة: الهيئة المصرية العامة، ١٩٧٤.

- Bruce Joyce. – Models of Teaching. – Second Edition. NewYork, ١٩٨٦.

الوحدة السادسة

تطور اللعب الاجتماعي والتنافسي لدى الطفل

- تمهيد
- تطور اللعب الاجتماعي
- المشاركة والمنافسة في اللعب
- تعريف اللعب الجماعي
- أهمية اللعب الجماعي
- أهمية اللعب التنافسي
- سلبيات اللعب التنافسي
- التطبيقات التربوية
- خلاصة
- المراجع

الوحدة السادسة
تطور اللعب الاجتماعي والتنافسي لدى الاطفال

تمهيد

للعب الاجتماعي دور كبير في تنمية شخصية الطفل، وخصوصا في السنوات الخمس الأولى، حيث تتوسع العلاقات الاجتماعية بين الأفراد تدريجيا، وبالتالي يكون الطفل متكيفاً اجتماعيا مع من حوله من أفراد وأسرة وآخرين. فهو يطور الناحية الاجتماعية لدى الطفل وهذا يعدجانباً أساسياًمن الجوانب الذاتيةالأربعة،حيث إن كل جانب يتبع الجانب الآخر. (١)

وتشير الدراسات إلى أن التقليد والمحاكاة تبدأ في السنوات الأولى ثم ينتقل بعد ذلك إلى لعب الجماعات الصغيرة، ثم الكبيرة ثم اللعب التنافسي، وتوجد كثير من العوامل التي تؤثر في اللعب ونوعيته لدى الطفل، ومن هذه العوامل الصحة الجسمية للطفل والنمو الحركي السليم والذكاء والبيئة والمستوى الاجتماعي الاقتصادي. أما من ناحية أبناء جنسه فإن الطفل يبدأ بالميل وبالنسبة نحو الجنس المشابه والتعرف على أعضاء جنسه، ومن ناحية الذكاء تساعد على تطور القدرات العقلية وهذا بدوره يؤدي إلى التطور الاجتماعي.

كما يعد اللعب سمة مميزة لجميع الكائنات الحية، فنحن نراه لدى صغار الإنسان والحيوان،إذ يشكل أداة مهمة وفعّالة في تنشئة الأطفال وبناء شخصياتهم، كما يساعدهم على التكيف مع بيئتهم التي ينتمون اليها.

كما أن هذه الوحدة تسلط الضوء على أهم مواضيع اللعب ألا وهي اللعب الجماعي واللعب التنافسي، كما يوضح أهمية كل منهما في تنمية شخص الطفل.

---

(١) نبيل عبد الهادي، الملامح الاساسية لخطة تربية الطفل في الست سنوات الاولى.

فعندما نلاحظ التسلسل الزمني الذي يسير فيه اللعب نحو التقدم في العمر، فهو يبدأ باللعب الانفرادي، يليه اللعب المتوازي أي أن يلعب بجانب غيره، ثم لعب المشاركة، وأخيرا اللعب التعاوني.

وهذه الوحدة جاءت لتوضيح أهم المواضيع في اللعب، لجميع المهتمين بالتربية والتعليم.

تطور اللعب الاجتماعي:

تؤكد الدراسات في مجال علم نفس الطفولة، بأن الطفل يقضي جانبا كبيرا من حياته في اللعب مع نفسه والآخرين حيث يتلقى أول دروسه في تدريب الحواس، وضبط العضلات، وتنمية الإدراك عنده، إلى جانب التدرب والخبرة. والطفل منذ الميلاد يُبّادر إلى اللعب الاجتماعي، ولكن عن طريق الأمهات والمربيات والآباء والجدات فيستطيع تمييز الوجوه المألوفة من غير المألوفة، حيث إن الأطفال فيما بين الشهر الخامس والسابع يقومون ببعض الحركات ويضحكون الأهل استجابة لهم.

١. في السنة الأولى يصبح الطفل قادراً على المحاكاة والتقليد والاستفادة من الكبار والتعلم منهم ويقومون بما يسمى باللعب الإيهامي.
٢. في السنة الثانية فإنه يكون منفرداً عن الأطفال لا يلعب معهم ولكن يرغب بوجودهم حوله ليشعر بالاطمئنان (أي بوجودهم وليس معهم).
٣. في سن (٣) سنوات تكون الجماعة مكونة من (٣) أطفال.
٤. في سن (٥) سنوات تتكون الجماعة من (٤-٥) أطفال حيث تدوم لفترة أطول، وأحيانا يلعب مع نفسه ومع الآخرين، حيث يعّوده اللعب الجماعي على النظام، التعاون، واحترام أدوار الآخرين وتبدأ في هذه المرحلة التصنيف أي الإناث يلعبن مع الإناث والذكور مع الذكور.

٥. في فترة المراهقة يفضل البنين الذكور مع الإناث، وتظهر في هذه الفترة الهوايات والتغير عما في داخلهم من ميـول واتجاهـات مـما يحقـق لهـم حب الاستقلال، الشعور بالمكانة الخاصة.

ومع بداية المراهقة تبدأ التجمعـات الاجتماعيـة وأوجـه الترفيـه الاجتماعـي، كالحفلات أو التجمع مع الأصدقاء والمباريات، حيث يظهر التمسـك بقواعـد اللعبة واحترام حقوق الآخرين. وهذا يتمثل في النقاط التالية:

١- من مرحلة الرضاعة حتى (٣) سنوات يكون اللعب فردياً.

- من الميلاد إلى سـنة يبـادر إلى اللعـب الجماعـي عـن طريـق الأمهـات والمربيات.

- بعد السنة الأولى يُصبح قادراً عـلى المحاكاة والتقليـد والاسـتفادة مـن الكبار.

- يكون منعزلاً عن الأطفال لا يلعب معهم ولكن يرغب بوجودهم حوله ليشعر بالاطمئنان.

٢- من (٣-٤) سنوات يلعب الطفل مع نفسه ومع الآخرين في بعض الأحيان، حيث يتعود الأطفال على التعاون والنظام والاحترام.

٣- من ٥-٩ يفضل الذكور اللعب مع الذكور والإنـاث مـع الإنـاث، وتظهـر في هذه الفترة الهوايات والتعبير عن مـا في داخلهم مـن ميـول واتجاهـات ومبادئ، يحقق لهم الاستقلال والشعور بالمكانة الخاصة.

وفي بدايـة المراهقـة يـزداد حجـم نشـاطات الجماعـة كالقيـام بـالحفلات، والمباريات، حيث يظهر التمسـك بقواعـد اللعب وقوانينـه واحـترام حقـوق الآخرين.

المشاركة والمناقشة في اللعب :

تبدأ في الطفولة الوسطى المشاركة والمناقشة بين الأطفال حيث تكون المشاركة أيسر للطفل الذي يحب اللعب مع الآخرين.

بعد سن السادسة يقع الطفل ما بين اختيارين ما بين الرغبة في طاعة الوالدين والاستقلال عن المنزل، ويحاول أن يكون له الرأي الأعلى في اختيار أصدقائه وفي

قضاء وقته خارج المنزل، فحين تدعوه الحاجـة إلى المباهـاة والمفـاخرة وحب التنافس والصراع، فإن ذلك يؤدي إلى الغيرة الشديدة بينه وبين الأطفال. لقد أظهرت النتائج أن أطفال السنتين لا يتأثرون بالأطفال الذين يعملون معهم، أما أطفال السنة الثالثة فإنهم بحاجة إلى أطفال آخرين، حتى تكـون بينهم منافسة ومشاركة.

أما في سن الخامسة فإنهم يعملون بجد ونشاط ويتعاونون لإنجـاز العمـل بأقل وقت مما لو كانوا فرادى.

تعريف اللعب الجماعي

عند ملاحظة الجماعات الصغيرة من الأطفال في سن ما قبل المدرسة، وجدنا أنهم في أغلب الأحيان يلعب كل واحد منهم بمفرده، ويستكشف ما حوله من أشياء مختلفة، ثم ما يلبثون بمراقبة الأطفال الآخرين دون أن يشاركوا في اللعب، وعندما يصبحون أكبر سنا يبدأون في ممارسة نفس الألعاب التي يمارسها غيرهم، ولكن دون حدوث تعاون بينهم. حيث بيّن "بياجيه" أن اللعب الجماعي الحقيقي لا ينمو إلا بعد سن السابعة، وتوضيح ذلك الشكل رقم (٦-١٥) :

التتابع الزمني الذي يمر به اللعب عند الأطفال

من خلال عرض الشكل يوضح كيف يتشكل اللعب الاجتماعي، من خلال عمليـة التتابع الزمني الذي يمر به اللعب لدى الأطفال على شكل مراحل، كما أنـه ليس هناك أدنى شك بـأن الأطفال كلـما تقدموا في العمـر، أصبحوا أكثر قـدرة عـلى التعاون، ويتوقف حدوث التعاون على درجة من الصعوبة في العمل أو النشاط.

ونظرا لكثرة الأعمال المطلوبة في اللعب الجماعي، وضعف الاتصال بين الأطفال الأصغر سنا، يصبح اللعب الجماعي أكثر صعوبة بالنسبة لهم[(١)].

وتشير (ميلر) في كتابها سيكولوجية اللعب إلى أن حجم الجماعة التي يلعب معها الطفل تزداد حجما كلما تقدمنا قليلاً، ففي سن الثالثة مثلا، حيث تكون جماعة اللعب مكونة من ثلاثة أطفال، وهذه الجماعة لا تستمر لفترة طويلة، ومع وصول الطفل لسن الخامسة تتكون الجماعة من أربعة أطفال، وهنا تستمر لفترة أطول من الجماعة السابقة. كما تؤكد على أن الطفل قبل الثانية لا يستطيع مرافقة أكثر من طفل واحد في نفس الوقت.

وقد أوضحت الدراسات أن طفل الثانية يَصّرف وقتا أطول في اللعب مع أقرانه، أكثر من الوقت الذي يصرفه في اللعب مع الراشد؛ إذ قامت كرمن (Carmen) ورفاقها بعمل موقف لعب تجريبي، يهدف إلى توضيح النمو الاجتماعي خلال السنة الثانية من عمر الطفل. فقامت بوضع الأطفال من الأعمار التالية: (١١ شهرا)، (١٧ شهرا)، و (٢٣ شهرا) مع أمهاتهم بجانب طفل آخر من نفس العمر مع أمه أيضا، وبعد مرور عشرين دقيقة تم التوصل إلى ما يلي:

إن اللعب الجماعي يبدأ بالظهور في سن الثانية. كما يعرف بأنه مجموعة الاداءات والنشاطات التي يقوم به الطفل ضمن ممارسته لعبة معينة مع مجموعة من رفقائه، حيث ان الطفل عندما يصل إلى سن الثالثة يتجه كليا إلى اللعب مع أقرانه، باحثا عن الانتباه والتقدير[(٢)].

إن جماعة اللعب في سن السادسة والسابعة تكون عرضة للتبدّل والتفكك، كما أن اللعب فيها يكون تخيليا. والتعاون بين أفرادها يكون ضعيفا، حيث أن الطفل لا يهتم بمصلحة الجماعة أو بنوعها من ناحية اللون أو دين أو المنزلة الاجتماعية لأفرادها.

---

(١) سوزان ميلر، سيكولوجية اللعب عند الإنسان، ص ٢٢٥.

(٢) توفيق مرعي، أحمد بلقيس، الميسر في سيكولوجية اللعب، ص ٩٤.

واشارت ميلر إلى أن الأطفال من الثامنة إلى الثانية عشرة لا يميلون إلى اللعب المنفرد. كما تصبح الدمى أقل أهمية من الأدوات والآلات، كما تحتل الألعاب الرياضية (كالقفز والجري) أهمية أكبر، بالإضافة إلى ميلهم للألعاب الأكثر تعقيدا[1]؛ إذ يلاحظ أن الذكور بعد سن الثامنة يميلون إلى الأولاد من نفس جنسهم، وكذلك الفتيات فكل منهم يكوّن جماعته الخاصة به ولا يسمح لجنس الآخر بالدخول إليها. فالأولاد يعتبرون الفتيات أقل تحملا في اللعب من الأولاد.

إن بقاء الجماعة فيما بعد سن الطفولة والمراهقة، له نتائج إيجابية على الفرد ولكن من جانب آخر وخاصة في المجتمعات الفقيرة والمتفككة، تصبح هذه الجماعة عرضة للانحراف والجنوح[2].

أهمية اللعب الجماعي:

تشير الدراسات والابحاث في مجال سيكولوجية الطفولة بأن أهمية اللعب للطفل تكمن في النقاط التالية:

١. اللعب الجماعي يمثل حاجات أساسية للطفل، فهو يساعده في التخلص من الخجل وعدم الثقة بالنفس والتوترات النفسية.

٢. يعطي الطفل الإحساس بالقبول الاجتماعي، كما يشعره بقيمته وأنه جزء من الجماعة التي يمارس معها اللعب.

٣. كما أنه وسيلة مهمة في الاتصال والتفاعل الاجتماعي بين أفراد الجماعة.

٤. يعتبر اللعب الجماعي أداة تعلم اجتماعية، ففيه يتعرف الطفل على بيئته الاجتماعية من قيم وعادات ومفاهيم مثل: الصواب والخطأ والصدق والاخلاص[3].

---

(١) سوزانا ميلر، سيكولوجية اللعب عند الطفل، ص ٢٣٣.

(٢) أحمد بلقيس، توفيق مرعي، الميسر في سيكولوجية اللعب، ص ٩٤-٩٥.

(٣) محمد الخوالدة ، اللعب الشعبي عند الأطفال، ص ٩٣.

٥. كما أن له أهمية في نمو شخصية الطفل، فعن طريقه يتعلم ضبط الـذات واحترام الآخرين والثقة بالنفس [١].

أهمية اللعب التنافسي :

على حسب ما جاء في المصادر والمراجع في هذا المجال بأنه يبدأ شـعور المنافسـة بـالظهور في سـن الخامسـة والسادسـة أي سـن الالتحـاق بالمدرسة، فيحاول الطفل أن يكون الأفضل في كل ما يقوم به، وخاصة في غرفة الصف.

كما تشير ميلر انه من الممكن أن يحدث اللعب التنافسي ـ داخل اللعب الجماعي ممثلا ذلك بالقيام بالمهارات لدى بعض الاطفال الـذين يمارسون اللعب الجماعي [٢].

في فترة المراهقة تظهر المباريات، التي تكون غالبا لها قواعد وقوانين، تقوم على التنافس بين الأفراد أو المجموعات، وهذه المباريات تعمل عـلى التقليل مـن احتكاك أفراد الجماعة مع بعضهم، فلكل فرد فيها دور يقوم به ويحقق ذاتـه، فالاطفال بحاجة إلى هذه النوع من اللعب ليثبتون فيه قدراتهم بعيدا عن الجماعة، كما انه يجب على الأهل أن يشجعوا أبنـاءهم في مرحلـة المراهقـة والطفولة على اللعب التنافسي، مع مراعاة التأكيد على مبادئ السلوك التنافسي السـليم. الـذي يـؤدي الى تفعيل دور الطفل داخـل غرفة الصـف، او ضـمن الجماعة التي يمارس معها اللعـب، وبالتالي يجعله قـادراً عـلى الحصـول عـلى المعارف بشكل افضل.

من خلال التقارير الواردة تشير الى أن أهمية اللعب تكمن في النقاط التالية:

١. يعمل على تأكيد الثقة لدى اللاعب في منافسة اللاعب الآخر.

٢. كما تساعد الطفل على تفريغ الانفعالات العدوانية في إطار المنافسة الشريفة.

٣. يتعلم الطفل من خلاله احترام القوانين والقواعد، وكذلك احترام حقوق غيره.

---

(١) محمود عنان، أبناؤنا في النادي، ص ٣٣.

(٢) سوزنا ميلر، سيكولوجية اللعب عند الطفل، ص ٤١ .

٤. توليد صفة الاعتماد على النفس بدلا من الاعتماد على الجماعة[١].

سلبيات اللعب التنافسي

بالرغم من إيجابياته التي تميز اللعب التنافسي- إلا أن له سلبيات يمكن إجمالها فيما يلي:

١. إن خسارة الفرد في إحدى المنافسات يمكن أن تشعره بالفشل والخوف والدونية.
٢. إن العصبية والخوف من الهزيمة أثناء اللعب يمكن أن ترفع من درجة التوتر الزائد لدى الأطفال.
٣. قد تؤدي المنافسة في الصف إلى وجود مشاكل لدى الطفل تتعلق بتكيفه مع بيئته المدرسية، وعدم رغبته في الذهاب إلى المدرسة[٢].
٤. ونظرا لوجود الفروق الفردية بين الأطفال، ووجود أطفال لديهم إعاقة مختلفة (عقلية، جسمية أو حركية)، قد يؤدي ذلك إلى شعور بعض الأطفال بالنقص والدونية أو الغيرة الشديدة[٣]. كما أن هناك نظريتين في هذا الشأن فسرتا هذا النوع من اللعب وهما على النحو التالي:

١- نظرية الإعداد والممارسة والتدريب (جروس)، حيث أن التدريب له أهمية في زيادة فعالية الطفل وتشجيعه على زيادة ثقته بنفسه.
٢- أما نظرية هوايت عن اللعب فتؤكد بأن للعب الاجتماعي أهمية في تفعيل دور الاطفال [٤].

---

(١) محمود عنان، أبناؤنا في النادي، ص ٣٥.

(٢) جان شك، جروسمان أيدليشان، كيف يلعب الأطفال، ص ٣٨.

(٣)المرجع نفسه، ص ٣٨.

(٤) أحمد بلقيس، توفيق مرعي، الميسر في سيكولوجية اللعب، ص ٩٦.

التطبيقات التربوية:

من خلال استعراض ما جاءت به الوحدة السادسة من أفكار وآراء واتجاهات حول كل من اللعب الاجتماعي والتنافسيـ فإن هذا اللعب يمارس بشكل صحيح، وهذا يؤدي الى زيادة المستوى المعرفي لدى الاطفل، ولا يتم ذلك الا باتباع المهمات التالية:

- تطبيق اللعب على المعارف والمعلومات على النماذج التعليمية وهذا يؤدي الى زيادة فعالية النشاط لدى التلاميذ داخل الصف.

- تحديد أهمية اللعب، وكيفية ممارسته بحيث يؤدي الى التعلم بشكل افضل داخل غرفة الصف عن طريق استخدام بعض النماذج ذات العلاقة بهذا اللعب.

- يمكن استخدام الالعاب الاجتماعية في النشاطات اللامنهجية للتعلم، وهذا يجعل الطفل اكثر حيوية واكثر نشاطا.

الخلاصة

في الختام، تم التطرق إلى موضوعين أساسيين هما اللعب التنافسيـ واللعب الجماعي وأهمية كل منهما بالنسبة للطفل فيما يلي تلخيص لما سبق.

نلاحظ أن الأطفال يبدأون باللعب الانفرادي، ثم باللعب المتوازي ويليه لعب المشاركة، وعندما يصل الطفل إلى عمر (٦-٧) سنوات يبدأ اللعب الجماعي بالظهور. فيما يلي بعض الحقائق عن اللعب الجماعي :

- الأطفال كلما كبروا في العمر، أصبحت لديهم قدرة على اللعب الجماعي.

- إن جماعة اللعب التي يلعب معها الطفل تزداد حجماً وتصبح أكثر استقرارا وثباتا مع التقدم في السن.

- كلما كبر الطفل قل لعبه بالدمى، وزاد اهتمامه بالأدوات والآلات كما تكمن اهمية اللعب الجماعي بما يلي:

١. يعتبر أداة تعلم اجتماعي، يُتعرّف الطفل من خلاله على قيم المجتمع.

٢. اللعـب الجماعـي يطـور الشخصـية، فهـو يعطيهـا الثقـة بـالنفس وتحسسها بالقبول الاجتماعي، كما تخلصها من الخجل.

٣. كما أنه وسيلة لتفاعل والاتصال الاجتماعي بين أفراد الجماعة، كمـا أن اللعـب التنافسي- يبـدأ بـالظهور في سـن الخامسـة وهـو سـن "الالتحـاق بالمدرسة" فالطفل يحاول أن يكون الأفضل وخاصة في الصف. كما يمكن أن يحدث اللعـب التنافسي- داخل اللعـب الجماعي. تظهر المنافسـات والمباريات في فترة المراهقـة بشكل كبـير وتدخل القـوانين والأنظمـة في اللعب، وتكمن اهميته في النقاط التالية:

١. التأكيد على أهمية الثقة بالنفس في مواجهة الخصم.

٢. تعليم الفرد احترام حقوق الآخرين، وكذلك احترام القواعد والقوانين.

٣. تفريغ الطاقات والانفعالات في المنافسة.

٤. بالرغم من إيجابيات اللعـب التنافسي- إلا أن لـه سـلبيات، تتمثل في شعور الطفل أثناء المنافسة بالقلق والتوتر، كـما أنـه يشجع ظهـور العـدوان في حالـة الخسـارة. وهـذا بالإضـافة إلى أن وجـود الفـروق الفردية بين الأطفال.

٥. قد تشعر بعضهم بالدونية والنقص إذا لم ينجحوا.

٦.

ويمكن أن نضع النموذج رقم (٦-١٦) الذي يوضح ذلك:

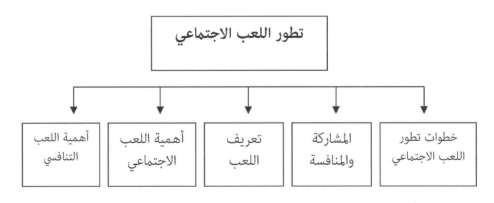

المصادر والمراجع

١- بلقيس (أحمد)، مرعي (توفيق)، الميسر في سيكولوجية اللعب. الطبعة الأولى، عمان: مطبعة حطين، ١٩٨٢.

٢- شك (جان)، إيدليشان (جروسمان)، كيف يلعب الأطفال؛ ترجمة محمد عبد الحميد، الطبعة الثالثة، القاهرة: مؤسسة فرانكلين للطباعة والنشر، ١٩٩١.

٣- الخوالدة (محمد)، اللعب الشعبي عند الأطفال، الطبعة الأولى، عمان: مطبعة رفيدي، ١٩٨٧.

٤- عبد الهادي (نبيل). - الملامح الاساسية لخطة تربية الطفل في ست سنوات الاولى في الاردن ومدى ملاءمتها مع الاستراتجيات التربية الحديثة، اطروحة دكتوراه: تربية جامعة القديس يوسف: معهد الاداب الشرقية، بيروت: ,١٩٩٥

٥- ميلر (سوزانا)، سيكولوجية اللعب عند الإنسان، ترجمة: حسن عيسى، الطبعة الأولى، القاهرة: مكتبة انجلو المصرية ١٩٨٦.

٦- عنان (محمود)، أبناؤنا في النادي، الطبعة الأولى، بيروت: شركة سفير (سلسلة سفير) العدد ٢٣، ١٩٨٩.

٦- Bruce Joyce, Models of teaching.- Second Edition NewYork, ١٩٨٠.

الوحدة السابعة

اللعب والتقليد

- تمهيد
- التفسيرات النظرية لسلوك التقليد والنمذجة
- دراسات تختص في عملية المحاكاة
- اسهامات النظرية الاجتماعية في تفسير التقليد
- النموذج وخصائصه
- المقلد وخصائصه
- السلوك المقلد وخصائصه
- التعليم عن طريق الملاحظة التقليد
- التطبيقات التربوية
- خلاصة
- المراجع

الوحدة السابعة
اللعب والتقليد

تمهيد :

بعد استعراض ما جاء في الوحدة السادسة من نقاط تتعلق باللعب الاجتماعي وما له من أهمية في تفعيل دور الطفل داخل الصف، فإننا سنتطرق في هذه الوحدة إلى عدة خطوات عريضة تتعلق بموضوع يعد ذا أهمية في اللعب، ويتمثل ذلك بالتفسيرات النظرية لسلوك التقليد والنمذجة، وبعض الدراسات التي تختص في عملية المحاكاة، والعوامل المؤثرة في التقليد، النموذج وخصائصه، والمقلد وخصائصه، والسلوك المقلد وخصائصه، والتعلم عن طريق الملاحظة والتقليد.

التفسيرات النظرية لسلوك التقليد والنمذجة:

معظم أنواع اللعب تقوم على المحاكاة والتقليد، كأن يقلد الأطفال الأشخاص الكبار ويقومون بتمثيل أدوارهم، وهناك العديد من نظريات المحاكاة والتقليد؛ وهناك عدة تفسيرات لهذه العلاقة ممثلة في النقاط التالية:

أولاً: ميلر ودولارد أجريا تجارب على طريقة "هل" (Hull) في التعلم وضمنّا من خلالها أن صغار الحيوان والإنسان يتعلمون محاكاة أفعال القائد إذا كوفئوا على ذلك (أي عززوا) وبذلك يقوم الأطفال بتقليد مثل هذه الأفعال.

ثانياً: سكنر في الاشراط الكلاسيكي يعتبر التعزيز محور نظريته فاستمرار استجابة لفعل ما وثباتها أو دعمه يتوقف على ما يعقبها من تعزيز ويتم هذا التعزيز، بالمكافأةوالثواب على الفعل الذي قام به الفرد،كمايتم محوالسلوك إذا ما عوقب

الطفل، وبمعنى آخر يمكننا القول إن تعزيز سلوك الطفل يقوي استجابته نحو ذلك المثير، أما عقابه فيؤدي الى تركه.

فيرى أن أفعال الطفل التي تقترب من أفعال الكبار، تلاقي القبول والتعزيز فالطفل عندما يثرثر فإن أي استجابة طفيفة قريبة تخالف الكبار تلاقي القبول.

ثالثاً: فرويد اعتبر تمثيل الأدوار نوعاً من التقمص كأن يتقمص الطفل شخصية أحد الأبوين من نفس الجنس وقد عدلت آنا فرويد Anna مفهوم التقمص فمددت تقمص الفرد مع المقربين هو تقمص دفاعي؛ إذ يحمي الفرد من القلق.

رابعاً: لقد وصف (مور) التقمص على أساس الاشتراط الكلاسيكي البسيط، فالأم تقدم الطعام وتكفل الراحة بوجه عام والاحساسات السارة التي تثيرها هذه فتصبح مرتبطة بأعمال الأم وصوتها أي الاحساسات التي تحدث في نفس الوقت وتشيع هذه الاحساسات السارة في أفعال الطفل، وخاصة الى الحد الذي يشعر عنده أنها تشبه أفعال أمه، والمحاكاة المكتسبة من خلال التكيف يمكن حينئذ مكافأتها أو العقاب عليها بواسطة الآخرين، والناس الذين يمرون بتجربة سارة يحاكون مثل هذه التجربة أما الذين يلاقون العقاب فيتجنبوها.

يرتبط اللعب بالاشتراط الكلاسيكي البسيط بمعنى كم يعطي اللعب التعزيز المستمر للطفل يؤدي ذلك الى تكرار نفس اللعبة.

خامساً: كوفكا من المدرسة الجشطلتية يرى أن هناك فرقاً بين التنفيذ المباشر لفعل ما وضغط الإدراك الحسي، وبين معرفة طريقة تنفيذ إجراء ما، عن طرق مشاهدة شخص آخر يقوم به، واقترح أن الفرق في جملته مسألة نضج عضوي، ومع ذلك بينما يكون التعلم بالملاحظة هو الوسيلة للتعلم فإنها تحتاج هي نفسها الى تعلم الكبار، حيث يقوم الأطفال بذلك، وحتى الكبار قد يظهرون محاكاة لا إرادية، وتعلم فعل جديد عن طريق مشاهدة فعل آخر.

دراسات تختص في عملية المحاكاة:

لقد أظهرت دراسة أجريت على (٢٠٠) طفل بين سن شهرين وواحد وعشرين شهراً، أن ما يحاكيه الطفل في هذه السن يتوقف لعبه فيه على ما يمكن أن يقوم به بالفعل، ممثلاً ذلك بحركات الفم وكانت أكثر تكراراً من المؤشرات الأخرى، أما بالنسبة للكتابة فلم تحدث محاكاة لها قبل الشهر الرابع عشر.

أما الملاحظات التي قام بها فالنتين (Valenteen) على أطفاله الثلاثة، فوجد أن الإبتسامة وإحداث الأصوات والأفعال الأخرى التي تجتذب الميل الفطري تحاكى على الفور.

أما (بياجيه) فإنه يرى أن المحاكاة وفقاً لنظريته هي محاكاة اللعب، فقد لاحظ أن أحد أطفاله بدأ يصرخ عقب سماعه طفلاً أخر يصرخ، وقد كان عمره قد تجاوز الشهر الأول ويعتبر بياجيه ان هذه الحالة عدوى، أما المحاكاة المنتظمة فهي غير مستطاعة حتى الشهر السادس كأن يصدر الطفل صوتاً ويقلده أحد الأبوين فيصدر الطفل بانتظام أصواتاً يشبه شبهاً كافياً صوت الكبار، وفي العام يصبح الطفل قادراً على محاكاة جميع الحركات حيث يكون هناك إبطاء بين أفعاله وأفعال النموذج، وفي الشهر الثامن عشر- إلى سنتين من عمر الطفل لا يحتاج الأمر بعدها الى وجود النموذج.

وقد أظهرت إحدى الدراسات الحديثة التي سجلت نطق الطفل في الثانية من عمره في أثناء رقاده قبل النوم أنه يكرر كلمات سمعها في النهار وخاصة اذا كانت جديدة فيعيدها مراراً دون تغيير ويصعب التمييز هنا بين المحاكاة واللعب (ويمكن القول إنه لعب المحاكاة).

أما تمثيل الأدوار الاجتماعية فيتضمن تعلم قواعد معينة، وتغير التحليل النفسي هو أن الطفل عندما يقوم باللعب فإنه يتخلص من بعض النزعات العدوانية الزائدة.

وقد لاحظ (بياجيه) كيف يصبح تمثل الأطفال أكثر دقة كلما كبروا فالطفل الصغير مثلاً قد تكون محاكاته ليست كاملة فحين يقلد الكبار في الكتابة فإنه يمثل عملية الكتابة بممارسة الشخبطة، أما الطفل الكبير فيستطيع أن يحاكي كتابة الكبار بكل دقة، وفي هذه المرحلة يبدأ لعب الإبهام وتمثيل الأدوار في الاختفاء وتحل الأفعال السويةوالتفكيرالباطن محل الأفعال الظاهرة.

اسهامات النظرية الاجتماعية في تفسير التقليد:

ساهم العالم "اندرسون باندورا" (Andrson Bandrow) في الدراسات عن الشروط التي تساعد على المحاكاة، فقد وجد ان المركز الاجتماعي يكون هدفا للمحاكاة (النموذج)، كما ان الأشخاص الأكفاء او الذين يعطون الحلوى ويقدمون المديح يؤلفون نماذج فعالة للمحاكاة، أما بالنسبة للميزات التي يتسم بها من يقوم بالمحاكاة، فقد وجد أن الاطفال الذين ينقصهم احترام الذات أو الذين يعتمدون على غيرهم، يحاكون اكثر من أولئك الذين يدرجون في عداد ذوي الثقة بأنفسهم.

ان الفتيات تربين ليصبحن اكثر اعتمادا على غيرهن، وهذا يعني ان النساء اكثر محاكاة من الرجال، أما الرجال والأولاد فأكثر محاكاة لسلوك العدوان. ان السلوك الاجتماعي والعدوان يوضعها في رأس قائمة السلوكات التي تقلد، فالأطفال العدوانيون غالباً ما يكونون ذوي آباء يتسمون بالعدوان ولا يستلزم محاكاة شخص أن يكون موجوداً بالفعل فقد يحاكي الطفل فيلماً أو صوراً متحركة.

ويمكن جمع العناصر المؤثرة على التقليد تحت العناصر التالية:

أولاً: النموذج وخصائصه:

والنموذج هو مجموعة السلوكيات والأداءات الممثلة بالأفعال التي يعتبرها الطفل قدوة تحتذى، فيمارس أفعاله، نظرا لإعجابه به أو لتقدمه بالسن عنه، فالنموذج حي واقعي في ذهن الطفل اذا قام والده أو رفاقه في الجيرة أو المدرسة أو أقاربه أو المدرس أو أي راشد آخر بممارسة فعلٍ ما أمامه، كما يمكن أن يكون رمزياً ممثلاً في الأبطال في الأفلام السينمائية والتلفزيونية، شخصيات أدبية،

عامية، تاريخية، تقدم في كتب المادة الدراسية، نماذج تقدم بالتعليم اللفظي أو المكتوب او المصدر.

من خصائص النموذج:

أ- أن يكون النموذج ذا قوة، أو مكانة عالية، أو مصدراً لضبط سلوك المقلد.

ب- أن يكون مصدر تعزيز وإثابة سابقة له.

جـ- أن يكون مصدراً مهماً للحب والرعاية.

د- أن يكون مشابهاً للمقلد، ودرجة التشابه المدركة هنا مهمة.

كما أن للسن والجنس هنا آثاراً، فالصغير يقلد الكبير، كما يميل الذكور لتقليد الذكور وتميل الاناث لتقليد الإناث، ويمكن ان يكون المعلم نموذجاً يتصف بواحدة أو اكثر من الخصائص السابقة.

ثانياً: المقلد وخصائصه:

يعرّف المقلد بأنه كل من يتخذ من الآخرين قدوة لهم في سلوكهم وأكثر ما يظهر ذلك لدى الأطفال عندما يقومون بأداء مهارات معينة لا حظوها عند من هم أكبر سنا منهم من الأطفال، لذا تشير الدراسات في هذا المجال وبالذات في مجال سيكولوجية اللعب إلى أن الأطفال يمارسون مهاراتهم استنادا إلى نماذج أعجبوا بها.

ولهذا يمتاز المقلد بما يلي:

أ- أن يكون قد كوفئ من قبل على قيامه بالتقليد.

ب- أن يكون قد كوفئ ليثبت لغرضه سلوكاً اعتمادياً وبهذا أصبح هو اعتمادياً.

جـ- أن يكون تقديره لذاته منخفضا.

د- أن يكون ذا كفاءة منخفضة بسبب عدم كفاية تعزيزه.

هـ- أن يكون في وضع يحتاج فيه للمساعدة.

و- أن يكون مثاراً انفعالياً عن طريق أزمة ما.

ثالثاً: السلوك المقلد وخصائصه:

يمكن ان يكون نمطاً سلوكياً، أو أجزاء كبيرة منه، وليس أفعالاً صغيرة تتراكم من خلال تزايد بطيء وتدريجي عن طريق التعزيز التفاضلي من الأسهل تقليد سلوك مركب، اذا قسم الى سلسلة من العناصر المكونة وأعطي كل عنصر منها عنواناً، ويمكن القول هنا إن السلوك الذي يحتمل ان يقلد اكثر من غيره هو:

أ- السلوك الجديد يقلد اكثر من السلوك العادي.

ب- السلوك الذي يؤدي الى الرضا الذاتي.

جـ- السلوك نفسه اذا ظهر من نماذج متعددة.

د- السلوك الذي يعتبره المقلد نموذجاً لجماعة ينتمي اليها أو يرغب في ذلك.

- التعلم عن طريق الملاحظة (التقليد):

هناك ارتباط وثيق يجمع التعلم والملاحظة، وخاصة في المراحل الأولى للطفولة، فالملاحظة هي مجموعة المشاهدات التي يقوم بها الشخص لتتبع ظاهرة معينة أعجب بها، ولا نعجب إذا ما شاهدنا أطفالا صغارا يمارسون الأداء نفسه الذي رأوه لتعلم مجموعة الأداءات والأفعال التي تقود إلى تعلمهم لمثل هذه التصرفات وبعد سن الثانية تزداد قدرة الطفل على ملاحظة التصرفات التي تحيطه كتصرفات الأبوين وإخوته الذين يفوقونه في السن، بحيث يؤدي ذلك به أحيانا، إلى تفحص تصرفاتهم واستدخالها في شخصيته.

هناك أربعة عناصر أساسية في موقف التعلم بالملاحظة وهي:

أ- النموذج الذي يستعرض سلوكاً ما كالأم أو الأب أو المعلم.

ب- السلوك الذي يستعرضه النموذج.

جـ- المقلد الذي يلاحظ سلوك النموذج.

د- نتائج السلوك عند كل من النموذج والملاحظ.

ويرى "دولارو وميللر" ان الميل للتقليد متعلم، اذ يعزز المجتمع هـذا الميل فمثلا، ان راشدا يصفق بيديه بحضور طفل ما، يفعل ذلك وهـو يتوقع من الطفل ان يقلده فإذا فعل الطفل ابتسم الراشد وازداد انتباهـه للطفل، وبذلك يكون قد قام بتعزيزه، وبهذا يكون الطفل قام بالتقليد على أساسين:

١- مدى اقتناع الطفل بالنموذج الذي يريد أن يقلده، ونعني بـذلك احـترام الطفل للشخص المقلد وأهميته بالنسبة له.

٢- أن يستوعب الطفل السلوك الذي سـيقوم بتأديتـه، فإذا اسـتطاع الطفـل إتقان هذا السلوك بمهارة فإنه حتما سيقوم بهذا السلوك.

هناك شروط ضرورية لحدوث التعلم بالتقليد وهي:

أ- أن يدرك الملاحظ سلوك النمـوذج، فلـن يقلد الملاحـظ سـلوكاً لا يـراه أو يسمعه.

ب- أن يكون الملاحظ قـادراً عـلى أداء سـلوك النمـوذج، فلـن يقلد الرضيع السلوكات اللغوية التي يسمعها.

جـ- أن يكون الملاحظ مهتماً بالتقليد كأن يراه مشبعاً لحاجة عنده.

د- أن يتوفر نموذج يتصف بخصائص معينة، ويعرض سلوكا يـؤدي حـتما إلى تقليده من قبل الآخرين.

هـ- أن يرى الملاحظ أو يعلم، أن سلوك النموذج يعزز.

هنالك قدر كبير من سلوك الأطفال يكتسب عن طريق ملاحظتهم لسلوك الآخرين، فالأطفال بإمكانهم أن ينمّو أنماطاً سلوكية بمجرد ملاحظة بعض الكبار المحيطين بهم يقومون بها؛ أي دون أن تدعم هذه الاستجابات سلباً او ايجابا وهم يتخذون قدوة (في هذا الشأن) آباءهم ومدرسيهم والشخصيات التلفزيونية التي يشاهدونها، أو أخوتهم أو أخواتهم الكبار وهكذا.

وهناك أمثلة وتجارب على ذلك فالطفل عـن طريق الملاحظـة قـد يكتسب مخاوف والديه من الكلاب، أو الحشرات أو العواصف الرعدية، وقد يلاحظ الأطفـال سلوك آبائهم مع أصدقائهم فيتعلمون منهم أنماطاً من السلوك الاجتماعي، كالتجنب

او التآلف مثلا. والطفل الذي يشاهد نموذجاً لشخصية عدوانية في التلفزيون قد يقوم بتقليد النموذج. وبالعكس إذا شاهد الطفل نموذجا متعاوناً فقد يقلد سلوك التعاون والمساعدة.

وقد قام "باندورا" (Bandora et al ١٩٦١) مع فريق من الباحثين بتجارب حاسمة في هذا الصدد. وفي إحدى هذه التجارب أدخل الأطفال فرادى في حجرة كانوا يشاهدون فيها شخصاً يضرب ويركل دمية كبيرة منتفخة من المطاط، ونعتها بشتى الألفاظ ويأتي نحوها باستجابات لم يسبق لهم أن رأوها، أو سمعوها من قبل. وبعد خروج "القدوة" أو "النموذج" من الحجرة، كان الطفل يبقى فيها وحدة مع الدمية، وكان مساعدون غير مرئيين من جانب الطفل يدونون ملاحظاتهم عن مدى تكرار استجابات العدوان المماثلة لتلك التي صدرت عن "القدوة" والى جانب هذه المجموعة من الأطفال استخدم الباحثون مجموعة أخرى ضابطة لم تشاهد ذلك النموذج، وكان أفرادها يدخلون ايضا واحدا واحدا في نفس الحجرة ومع نفس الدمية.

وقد اتضح من هذه التجربة ان الأطفال الذين شاهدوا القدوة "النموذج العدواني" قاموا بتقليد الكثير من الاستجابات العدوانية بدقة، في حين كانت استجابات افراد المجموعة الضابطة مختلفة تماما. وان كان ذلك يعني شيئا فإنما يعني ان الأطفال الذين شاهدوا القدوة، تعلموا استجابات جديدة دون ان يكون هناك تدعيم لتلك الاستجابات لا بالنسبة للقدوة، ولا بالنسبة للمشاهد، لقد تعلموها ببساطة عن طريق المشاهدة او الملاحظة.

ويبدأ الطفل في تقليد أفعال الآخرين في نهاية السنة الاولى، إلا أن التقليد عندئذ لا يعتمد على الصور الذهنية بقدر ما يعتمد على الملاحظة المباشرة للفعل، كما يحدث عندما يضع الطفل غطاء على وجهه ثم يرفعه تقليداً لما تفعله أمه أثناء ملاعبتها له بهذه الطريقة.

ولكن ما ان يبلغ الطفل سنة ونصف أو سنتين، فإنه يبدأ بتكوين صور ذهنية لما يقع حوله والاحتفاظ بتلك الصور واسترجاعها. حتى تتسع دائرة الافعال التي يمكن ان يقوم بتقليدها الى ابعد حد ممكن فالأطفال في هذه المرحلة يقلدون كل شيء يقع تحت ملاحظتهم وقد يكون في بعض هذه المحاولات من ناحية الطفل نوعاً من الطرافة او الغضب فقد تقلد الطفلة امها بوضع الاصباغ والمساحيق فتلطخ وجهها.

نتساءل الان لماذا يميل الطفل الى التقليد؟ والجواب على ذلك هناك عدة تفسيرات ابسطها هو أن الطفل يحبذ أن يطيل فترة الاستثارة التي يحدثها التفاعل بينه وبين الكبير، أو أن الفعل الذي يقوم الطفل بتقليده، يحدث نتائج ممتعة بالنسبة له، كما يحدث مثلا عندما يضغط طفل على زر آلة الموسيقى متأثراً بأخيه لكي يحصل على نغمات موسيقية يستمتع بها، إن الطفل بمجرد نجاحه في تقليد مهارة ما، فإن هذه المهارة تصبح له ويستخدمها في أي غرض يشاء.

ولا شك في أن كل مهارة يكتسبها الطفل إثراء لشعوره بالسيطرة على البيئة، كما تزيد من شعوره بالكفاءة، فإذا فرضنا أن طفلا ما غير واثق من قدرته على الامساك بسماعة الهاتف والتحدث من خلالها فإن محاكاته لهذا الفعل حتما ستزيد من شعوره بالثقة.

التطبيقات التربوية:

من خلال ما تم عرضه في هذه الوحدة، نرى بأن هناك علاقة وطيدة بين اللعب والتقليد، خاصة وأن هذا السلوك منتشر بشكل واسع بين الأطفال، وهذا بدوره يؤدي إلى تعلمهم بعض السلوكات التي تعد نموذجاً يتحدى بها، ولهذا لا بد لنا كمعلمين ومربين أن نفعل هذا السلوك، بحيث نتبع عدة اجراءات:

١) تقدم بعض النماذج التعليمية التي يمكن للاطفال تقليدها بشكل سهل، بحيث يؤدي في المحصلة النهائية إلى الاسراع في التعليم

٢) يمكن استخدام سلوك التقليد في تعليم سلوك الالقاء والقراءة خاصة هذا يساعد على استمتاع الطلبة بالحصة الصفية.

٣) تحديد الاجراءات التنفيذية التي تشكل الاطار التعليمي عن طريق اتباع نماذج يمكن تقليدها من قبل الأطفال

هذه الخطوات من شأنها أن تجعل التعليم ذو فعالية وتشكل الاطار العـام لعملية الفهم والتعرف والاستيعاب عن طريق عملية التفاعل الصفي.

خلاصــة

من خلال استعراض ما سبق بنوع من التفصيل والتحليـل، فقـد تطرقت هذه الوحدة إلى بعض النظريات التي حاولت تفسير عملية التقليد وأثرهـا علـى عملية اللعب، كما تطرقت إلى بعض الدراسات ذات العلاقة في عملية التقليد، ثم عرفت إلى عدة نقاط لها علاقة بهذا الموضوع، وهـذا بـدوره يقودنـا إلى موضـوع جديد ممثل في العوامل المؤثرة في التقليد. حيث يمكن توضيح ذلك في النمـوذج رقم (١٧-٧).

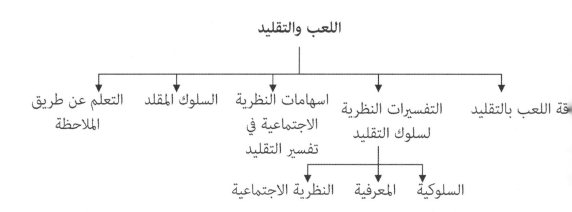

اللعب والتقليد

علاقة اللعب بالتقليد — التفسيرات النظرية لسلوك التقليد — اسهامات النظرية الاجتماعية في تفسير التقليد — السلوك المقلد — التعلم عن طريق الملاحظة

السلوكية — المعرفية — النظرية الاجتماعية

المصادر والمراجع

- عبد الهادي (نبيل)، الصاحب (فاتنة): <u>سيكولوجية الأطفال في كل من الحضانات ورياض الأطفال</u>. الطبعة الأولى- رام الله: منشورات بيت المقدس، ٢٠٠٢.

- العناني (حنان): <u>علم النفس التربوي</u>. الطبعة الأولى- عمان: دار الصفاء، ٢٠١

- نصر الله (عمر): <u>مجموعة من المحاضرات بعنوان إلعب وتعلم</u>؛ جامعة القدس، فلسطين ٢٠٠١.

- Bruce Joyce: <u>Models of teaching</u>. Second Edition, New york ١٩٨٦.

الوحدة الثامنة

العوامل المؤثرة في التقليد

- تمهيد
- التعلم عن طريق الملاحظة
- تعريف المحاكاة
- خصائص المحاكاة وسماتها الرئيسية
- ألعاب المحاكاة
- أمثلة على ألعاب المحاكاة
- لعب الأدوار وتقمص الشخصيات (مفهومه وأهميته)
- خصائص لعب الأدوار (التلقائية والارتجالية).
- اللعب كأداة تقليدية.
- وظائف اللعب التقليدي.
- التطبيقات التربوية
- خلاصة
- المراجع

الوحدة الثامنة
العوامل المؤثرة في التقليد

التمهيد

بعد أن استعرضنا ما جاء في الوحدة السابعة، المختصة في عملية التقليد والمحاكاة وأثرها في اللعب وبالتالي جعل الاطفال اكثر حيوية وتفاعلاً ضمن صفوفهم التي ينتمون إليها، فإن هذه الوحدة ستلقي الضوء على بعض العوامل التي تؤثر في عملية التقليد، ممثلاً ذلك في علاقة التعلم بطريقة الملاحظة، وتعريف المحاكاة، وخصائصها وألعاب المحاكاة التي تقودنا إلى لعب الادوار وتفحص الشخصيات ممثلاً ذلك بمفهومها وأهميتها، كما أن هذا سيوصلنا إلى وظائف اللعب التقليدي، ولهذا سنتعرض في هذه الوحدة إلى عدة اتجاهات ونظريات لها دور هام في عملية التفسير والتحليل والتعليل.

التعلم عن طريق الملاحظة

من خلال استعراض ما سبق نجد بأن التقليد هو سمة، غالباً ما يسلكها الأطفال أسوة بشخصيات تؤثر في حياتهم وسلوكهم، يحبونها ويريدون أن يكونوا مثلها، كالولد عندما يقلد آباه، والبنت عندما تقلد امها والتلميذ عندما يقلد استاذه.

ومن المعروف لدينا ان الفتيات قد تربين لكي يكنّ أكثر اعتماداً على غيرهم، عكس الرجال والأولاد الذين نشأوا على أساس أن يكونوا مستقلين عن غيرهم في السلوك الاجتماعي.

إن تقليد الاطفال ليس فقط للآباء، فمن الممكن أن يقلد الولد نجماً سينمائياً معروفاً أو شخصية أدبية، تاريخية تقدم في الكتب المدرسية.

كما أن للسن والجنس آثـار في التقليد، فالـذكور يقلـدون الـذكور وكذلك الحال بالنسبة للاناث كما هو الحـال في الصغير عندمـا يقلد الكبـير، هذا وقد لوحظ ان المقلدين في الصفوف الابتدائية والاعدادية هـم أطفـال ومراهقون، ويمكن أن نفسر هذا الإقبال على التقليد نـابع بأنه مـن مكافأة درج المقلد على أخذها عندما يتقن سلوكا ما قام بأدائه.

فالتقليد يكون بحاجة الى نموذج، والمقصود به هو اصل يتبعه المقلد وغالباً ما يكون والدي الطفل ورفاقه في الجيرة والمدرسـة أقاربه وأستاذه او أي راشد، وللنموذج خصائص، منها أن يكون شخصية قوية، ومكانة عاليـة، ومصدر لضبط السلوك، ومصدر تعزيز وإثابه، وأن يكون مصدراً مهماً للحب والرعاية، وان يكون مشابهاً للمقلد.

فالمقصود بالتعلم عن طريق الملاحظة، هـو أن المقلـد يعيـد سـلوكا لاحظه وأعجبه، للتقليد أساسان مهمّان؛ أولهـما مـدى قناعة الطفل المقلد بالنموذج وأهميته له، وثانيهما ان يستوعب الطفـل السلوك الذي سيقوم بتأديته.

أخيراً نستطيع القول، إن التقليد مهم جداً في حياة الطفل والمراهـق، ويجب على النموذج ان يسلك السلوك الجيد، لكي يكسب الطفل المهمـات المطلوبة، ومن الواجب ان نثنى عليه، ونشجعه عندما يسلك سلوكاً جيـداً في تقليده، وان نحاول ان لا نوقفه عندما يسلك سلوكاً غير جيد.

تعريف المحاكاة:

المحاكاة هي أنموذج او مثال لموقف من الحياة الواقعية، يسند لكل مشارك فيها دور معين يستهدف تدريب المتعلمين على حل المشكلات، واتخاذ القرارات واكتساب المهارات. وتختلف المحاكاة عن الألعات التعليمية، ذلك ان المحاكاة ليس فيها غالب أو مغلوب وتخلو من المنافسة. ومن الأمثلة على المحاكاة واستخدامها في التعليم والتدريب ما يلي:

المحاكي الميكانيكي أو الكهربائي أو الالكتروني Simulator لمدرب قيادة السيارات. حيث يوفر هذا النظام للمتدرب محاكاة واقعية لظروف القيادة الحقيقية تجعله يتفاعل مع الوضع بصورة طبيعية.

خصائص المحاكاة وسماتها الرئيسية:

تقوم المحاكاة على مبدأ توفير ظروف مشابهة لظروف الموقف في واقع الحياة، أي تقليد ومحاكاة لهذا الواقع؛ وتتلخص السمات الرئيسية للمحاكاة كما أشار اليها (جانيه) في كتابه (The conditions of learning) في النقاط التالية:

١- إعادة عرض وتشكيل الموقف الواقعي، مع الحرص على توضيح العمليات التي تدور في هذا الموقف.

٢- إتاحة فرصة التحكم في هذا الموقف بدرجات متفاوتة، لمن يتبع هذا الأسلوب كنتيجة لفهمه لهذه المواقف. وتفاعله معه.

٣- ويراعى عند تصميم المحاكي إعطاء قدر من الحيوية يسمح بتعديل بعض هذه المواقف.

٤- حذف أجزاء من المواقف العملية الواقعية غير المهمة بالنسبة للتدريب.

كما تعد المحاكاة وسيلة مهمة من وسائل التدريب، على اكتساب المهارات الحركية والاجتماعية والفنية، والأمثلة على ذلك ما يتبع في تدريب الطيارين وتدريب رواد الفضاء، اذ يتعذر إجراء كل التدريب أو معظمه عن طريق الخبرة المباشرة، لما في ذلك من خطورة على الطيارين المتدربين من جهة، نظراً للتكلفة العالية جداً في الخبرة المباشرة على الشيء الحقيقي نفسه.

وفي جهاز المحاكي للتدريب يتم إحداث ظروف ومواقف تشبه تماماً الواقع من حيث الحركة والصوت والاهتزازات وغير ذلك. ومن مميزات هذه النماذج التدريسية المحاكاة تقصير فترة التدريب وتقديم خبرات عملية تحاكي والواقع. كما تزيد من ثقة الطالب المتدرب وتساعده في إكساب المهارات وتوفير الأمن والسلامة للمتدربين.

ان الطريقـة التقليديـة في التعليم تقوم علـى تقديم المعلومـات والأمثلـة وتطبيقهـا استنـاداً إلى خبـرات التلاميـذ. ومـن حسنـات طريقـة المحاكاة في التعلم: تقديم مشكلة حقيقية أو مشكلة يقوم الطالب بحلها، حيث يقـوم المتعلم بوضع افتراضات لحل المشكلة ثم اختبار هذه الفروض ليصل بعدها الى الحل المناسب للمشكلة وفي البحث عن حل المشكلة يستخدم المتعلم أسلوب المحاولة والخطأ ليصل الى فهم العلاقة بين الأسباب والنتائج.

٤- ألعاب المحاكاة:

ألعاب المحاكاة هي أنشطة تعليمية تجمـع بين المحاكاة والألعاب التعليمية ففيها تتمثل بعض عناصر الملامح الواقعيـة مـن الموقف الـذي تحاكيه فيتيح قـدراً مـن الحريـة في اتخـاذ القرارات، ونأخذ مـن الألعاب التعليمية بعض العناصر الأخرى مثل ضرورة تـوفر قواعـد وأصول محددة، وتعليمات تحكم المشاركة وتقرر النتيجة.

٥- أمثلة على العاب المحاكاة:

لفهم دور الإدارة المدرسـية ووظائفهـا ومشكلاتها وموازنـة المدرسـة، وغير ذلك يعهـد الى الطلبة بتمثيل الأدوار، ومحاولـة حـل المشـكلات التي تتعلق بأولياء أمور الطلبة، واتخاذ قرارات بشأنها أو تمثيل مشكلة التمييـز العنصري أو إدارة الأعمال والمؤسسـات التجاريـة.. الـخ، وعندما تبـدأ لعبـة المحاكاة على المعلم أن لا يبدو سلطويا فلا يكثر من التدخل المباشر في سـير اللعبة ليـترك للطلبة قدرا مـن الحريـة في المشاركة وأن يقتصرـ دوره علـى المراقبة ومناقشة النتائج معهم.

ومـن أمثلـة ألعـاب المحاكاة ايضا لعبـة (خـذ Take) وألعاب المجموعات التي طورهـا ليمان (Leman)* وقـد صممـت جميعها لتعليم المنطق والنظرية الرياضية، ولعبة الدفع للمحاسب لتدريب الطالب عـلى الشراء من المحلات التجارية، ولعبة اختيار المهنة وغيرها.

---

* Leman, <u>Imitation of Games</u>, page ٦٢ .

ولتحقيق أكبر فائدة من الألعاب التعليمية والمحاكاة ينصح المعلم باتباع ما يلي:-

١- تحديد الأهداف السلوكية التعليمية التي يرغب في تحقيقها.

٢- اختيار نوع الألعاب أو المحاكاة لتحقيق الأهداف.

٣- تحديد عدد المشاركين في كل لعبة وتحديد دور كل منهم.

٤- تهيئة وإعداد المكان، المناسب الذي تجري فيه الألعاب كالصوت والضوء.

٥- تحديد المعلومات والتعليمات والقوانين، التي يحتاجها اللاعبون لإجراء اللعبة.

٦- ترتيب الطلبة المستفيدين من هذه الألعاب داخل الصف وتوضيح مسؤولية كل واحد.

وهذا بدوره يؤدي إلى تشكيل اللعب بصورة أكثر وضوحاً؛ مما يؤدي إلى التعلم بشكل أفضل، ويكون له فعالية خاصة في تشكيل اسس التعلم الفعال.

٦- لعب الأدوار وتقمص الشخصيات

مفهومه وأهميته:

هو قيام المتعلم أو مجموعة من المتعلمين بتمثيل بعض الأدوار تمثيلا تلقائيا دون اعداد سابق، أي بشكل مرتجل أمام طلبة الصف كتمثيل رجال الأمن واللصوص، أو تمثيل مدير المدرسة والمعلمين، وتتوقف نتائج تمثيل الأدوار على المناقشات، التي تعقب التمثيل والأنشطة التي تليها. ويتميز لعب الأدوار بالتلقائية، وعدم الاعتماد على حفظ الأدوار المعدة سابقا وهو بهذا يعطي لمن يمثل الدور الفرصة للتعبير الحر، عما يعتقده كل مشارك في التمثيل أو يشعر به ويبدي وجهة نظره بحرية وصراحة تامتين.

وفي الوقت نفسه إن قدرة الفرد أو الأفراد الذي يقومون بلعب الأدوار على الاحساس بالمشاعر يمثلون تفهماً لوجهة نظرهم من خلال التعبير عنها بتقمص الشخصيات. إن من يقوم بتقمص دور شخص ما يتبنى سلوكه واحساسه، بالاضافة

الى ما يكتسبه من خبرة ومعرفة ومن هنا فالمعلم يختار المادة المنهجية المناسبة، لتمثيل الأدوار كالقيام بدور البائع أو المشتري.

ومتى نجح لعب الأدوار وتقمص الشخصيات، يجب على المعلم أن يشجع المتعلمين المشاركين بحمل أدوارهم محمل الجد، مع التأكيد على الايجابية في الأدوار، إن التمثيل الواضح والصريح للمشكلات المعاصرة التي تهم الطالب تكون عادة ذات تأثير فعال في استخدام لعب الأدوار وبخاصة في المدارس.

ويمكن تعزيز أهمية تمثيل الأدوار من خلال استخدام تجهيزات كالأشرطة السمعية أو أشرطة الفيديو، أو كليهما لتسهيل هذه الأنشطة لأغراض المتابعة والتقويم. وتقع أهميته بشكل خاص في تدريب المتعلم على التعبير اللغوي، والتعبير عن نفسه، وبذلك يتولد عنده الدافع الذاتي للتعلم.

٧- خصائص لعب الأدوار (التلقائية والارتجالية)

يتم عادة تمثيل الأدوار دون إعداد مسبق، ويترك المجال لمن يقوم بتقمص الأدوار، بالتعبير الحر دون قيد عما يشعر به ويحس ويعتقده.

- يتناول من يقوم بلعب الأدوار تقمص شخصيات واقعية تعيش في البيئة وتتناول مشكلات معاصرة تثير اهتمام المشاهدين، كمشكلات الزواج ومشكلات النظافة.

- تعتمد نتائج لعب الأدوار، على المناقشات، والأنشطة التي تعقب التمثيل وما يتلو ذلك من تبادل الأفكار.

- يجب أن يكون لدى المشاهدين معلومات كافية، عن الموضوع الذي اختير لتقمص الأدوار.

٨- اللعب كأداة تقليدية

إن المطلع في مجال علم نفس اللعب، يعرف أن اللعب يمثل مجموعة من النشاطات والاداءات التي يمارسها الاطفال لتحقيق المتعة والسعادة لديهم وهذا بدوره يشكل منظومة متكاملة للعب، فضلا عن أهميته لا سيما أن الاطفال عندما

يمارسون ألعابهم الحركية والمعرفية الذهنية باستخدام التقليد فإن ذلك يؤدي بدوره إلى اتقان مهارة اللعب بشكل أفضل لديهم.

وظائف اللعب التقليدي

المتتبع لما جاء في الدراسات السيكولوجية التربوية، يجد أن للعب التقليدي أهمية في تفعيل دور الطفل؛ ولذلك تكمن وظائف هذا اللعب في النقاط التالية:

١- تنمية القدرات الحركية عند الطفل، وزيادة مستوى المهارات والإتقان لديه.

٢- زيادة المستوى العرفي كالتخيل لدى الطفل، بمعنى أن الطفل يقلد ما رآه سابقا أو في مواقف كان في الماضي، كما يستدعي ذلك الى زيادة مستوى التخيل والقدرات العقلية.

٣- إن للعب التقليدي وظائف تكمن في تقوية الناحية الاجتماعية لدى الأطفال، بمعنى أن كثيرا من الأطفال يمارسون اللعب التقليدي، ضمن المجموعة التي ينتمون اليها.

٤- كما أن للعب التقليدي أهمية في تحديد شخصيات الأطفال، بأنماطها المختلفة والتعامل معها بصورة مباشرة أو غير مباشرة. وتحديد برنامج متكامل نعالج من خلاله أهم المشاكل التي يعكسها الأطفال في ألعابهم.

٥- اللعب التقليدي وظيفة لها أهمية في كونها تنعكس من خلال خاصية تمثيل الأدوار الاجتماعية التي تكون لها صلة واضحة في حياة الطفل.

ولعب المحاكاة يعني أصلاً تمثيل الأدوار وإعادة تمثيل الحوادث.

ان ما يحاكى مستمد من الكبار بعد أن تكون أفعالهم قد شوهدت وسمعت واختزنت في ذاكرة الطفل. فالطفل يستطيع أن يحاكي فقط الى الحد الذي يكون فيه قد تعلم فعلا أو حين يصبح قادراً على ترجمة الإشارات.

التطبيقات التربوية

بعد أن رسمنا الخطوط العريضة في هذه الوحدة المتمثلة في التعلم عن طريق الملاحظة، وتعريف المحاكاة، وذلك على النحو التالي: يمكن أن يكون لما سبق فائدة تربوية إذا ما أخذنا بعين الاعتبار

- تحديد ألعاب ذات فعالية تؤثر في سلوك الاطفال.
- تشكيل ألعاب تزيد من فعالية الأدوار الوظيفية التي تؤدي إلى تفعيل دور الاطفال.
- تحديد ألعاب متعلقة بألعاب الخيالي الذي يزيد من ارتفاع القدرات العقلية عند الاطفال.
- تشكيل بعض الأنظمة التي تتعلق بالألعاب التي تساعد في إيجاد اللعب التقليدي.

خلاصة

من خلال ما تم عرضه في الوحدة السابقة نجد بأنه تم التطرق إلى أهمية التعلم الذي يتم عن طريق الملاحظة، وتعريف المحاكاة وتم طرح الامثلة على ذلك، كما تم التطرق إلى ألعاب الادوار وتقمص الشخصيات، وخصائص الالعاب من ناحية انتقائية وارتجالية، كما تم التطرق إلى اللعب التقليدي، وهذا بدوره يقودنا إلى تنظيم اللعب في كل من رياض الأطفال والمرحلة الابتدائية، ويمكن توضيح ذلك بالنموذج رقم (٨-١٨) :

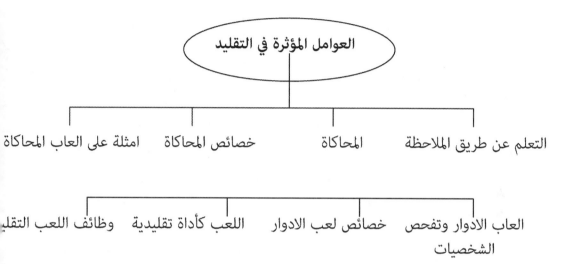

العوامل المؤثرة في التقليد
التعلم عن طريق الملاحظة
المحاكاة
خصائص المحاكاة
امثلة على العاب المحاكاة
العاب الادوار وتفحص الشخصيات
خصائص لعب الادوار
اللعب كأداة تقليدية
وظائف اللعب التقلي

المصادر والمراجع

- بلقيس (أحمد)، مرعي (توفيق): سيكولوجية اللعب. الطبعة الأولى- عمان، دار الفرقان للنشر والتوزيع، ١٩٨٢.
- البيلاوي (فيولا): "الأطفال واللعب". مجلة عالم الفكر، المجلد العاشر، العدد٢، السنة ١٩٧٩.
- الخوالدة (محمد): اللعب الشعبي عند الاطفال ودلالته التربوية في انماء شخصياتهم. الطبعة الأولى. عمان: مطبعة رفيدي، ١٩٨٧.
- عبد الهادي (نبيل) والصاحب (فاتنة): سيكولوجية الاطفال في الحضانات ورياض الاطفال. الطبعة الأولى- رام الله: بيت المقدس للنشر والتوزيع ٢٠٠٢.
- العناني (حنان): علم النفس التربوي. الطبعة الأولى. عمان، دار الصفاء، ٢٠٠١.
- Bruce Joyce: Models of teaching, second Edition, New York, ١٩٨٠.
- Leman (J): "Emotions games" Educational psychology magazine v(٣٠), ١٩٩٦.

الوحدة التاسعة

تنظيم اللعب في رياض الأطفال والمرحلة الابتدائية والمراهقة

- الألعاب في رياض الاطفال
- تنظيم اللعب في المرحلة الابتدائية
- تنظيم اللعب في مرحلة المراهقة
- المراجع

الوحدة التاسعة
تنظيم اللعب في رياض الأطفال والمرحلة الابتدائية والمراهقة

تمهيد:

اللعب هو موقف نفسي واجتماعي ونشاط داخلي يقوم به الطفل من أجل تحقيق هدف معين، وقد يكون هذا الهدف بقصد التسلية أو الترفيه عن النفس، كما أن اللعب يطرق أبواب المتعة والراحة النفسية للطفل، فمن أجل ذلك يجب ان يكون لعب الأطفال في جميع المراحل لعبا منظما، بحيث يقوم على خلق شخصية الفرد في سنوات طفولته. فتنظيم اللعب يقوم على ثلاثة ركائز مهمة، وهي أنه يقوم على تشكيل النواحي الانفعالية للطفل وهي:

- بيئة الطفل
- سيكولوجية الطفل
- مستوى العمل للطفل

والنموذج رقم (٩-١٩) يوضح ذلك:

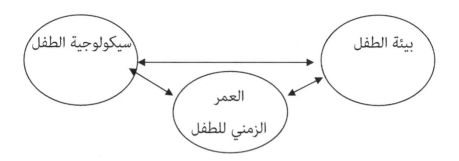

من خلال عرض النموذج نجد بأن هناك علاقة بين كل من بيئة الطفل الفيزيائية الاجتماعية الاسرية، وسيكولوجية الطفل، والعمر الزمني للطفل، فكل هذه العوامل تؤثر على بنية اللعب التي يمارسها الاطفال.

ومن هنا تأتي أهمية اللعب وتنظيمه في جميع المراحل التي يمر بها الطفل سواء في مرحلة الطفولة المبكرة (رياض الأطفال) ومرحلة الطفولة المتوسطة والمتأخرة وفترة المراهقة (المدرسة العليا)، وهذا يتطلب منا الاعداد للعب، حتى يمارسه الاطفال بشكل صحيح، بحيث ينمي قدراته الجسدية والعقلية والنفسية والاجتماعية.

الألعاب في رياض الأطفال:

تعد هذه المرحلة من المراحل الاساسية، ففي هذه الفترة يبرز دور المدرسة كمؤسسة اجتماعية ودور المعلم والوالدين من أجل التخطيط والرعاية كذلك توفير الفرص، والأسباب، والمواد اللازمة للعب التي تجلب للطفل المتعة والراحة والسرور.

فالألعاب في هذه المرحلة ألعاب مرتبة تعتمد على استقلالية حركة الجسم لدى الطفل، لأن الناحية الحركية تعد أهم مطلب من مطالب النمو لدى الطفل، فعندما نرى طفلا يجري ويتسلق ويشد، ويثب دون أي قيود أي يتمتع بـ (الاستقلالية) في اللعب، فإن ذلك يؤدي إلى تفعيل دوره من خلال ممارسة اللعب بشكل صحيح.

وكذلك بأن انفرادية اللعب التي يمارسها الطفل كيفما يشاء، فهو يروح عن النفس، ويعبر عن أحاسيس مختلفة تنعكس آثارها الإيجابية على شخصية الطفل، فكلها تعني لدى الطفل التوازن والضبط والقفز والتقاط الكرة، لاختبار ما تحتاجه هذه جميعا من قدرة ونشاط ومهارات متنوعة. (١)

---

(١) توفيق مرعي، الميسر في سيكولوجية اللعب ، ص ٣٥.

وهناك النوع الثاني من ألعاب رياض الأطفال وهي "الأراجيح الآلية"، فتكسب الطفل تعاوناً وتوازناً، والسيطرة على حركات يده وعضلاته وتكسب الطفل مهارة الثبات وتنشيط الجسم. ويأتي اللعب بالطين والرمل فيبني الطفل أشكالاً ونماذج متنوعة فيجمع ويحرك وينقل بكمياتها. أما اللعب بالدمى والحصان الخشبي وغيره من الألعاب التربوية الهادفة فتساعده على اكتساب مهارة ومعلومات سواء أكانت اجتماعية أو لفظية.

وبعد ذلك يأتي دور لعب (الحركات الإيقاعية والتمثيل)؛ فهي تربي أذواق الأطفال وأحاسيسهم، بحيث تبدأ بالأغاني والأناشيد البسيطة تنتهي بأهازيج، وفرق شعبية تشرف المدرسة على تنظيمها عن طريق الكشف عن ميول الطلبة المختلفة، ويقوم هذا النوع ايضا بتقمص شخصيات الكبار وتقليد سلوكهم في الكلام والتصرف، فهو ينمي خيال الطفل ويحقق رغباته ويخلصه من التوتر، وتحقيق الذات وتوثيق العلاقة مع الآخرين، من خلال جميع ما ذكر من مرحلة رياض الأطفال نرى أن هناك عدة فوائد للعب في رياض الأطفال.

- تنمية القدرات الحركية
- تنمية القدرات العقلية.
- تنمية ضبط الانفعالات.
- تقوية العلاقات الاجتماعية بين الأطفال.

تنظيم اللعب في المرحلة الابتدائية:

يستمر الطفل في هذه المرحلة في عدم إدراك الألعاب المرتبطة بالجنس، ويطلق على هذه المرحلة (مرحلة اللعب)، فتسود في هذه المرحلة الألعاب الحركية البنائية او التركيبية أو الاستعراضية وألعاب (الشلة)، بحيث يستمر اللعب الحر؛ كألعاب الكرة والجري والتسلق، ويبرز اهتمامه بألعاب البناء والتركيب كالطوابع والصور والدمى والأخشاب وأدوات الصيد، فكلها تقوم على إكسابه المهارة والمعلومة، والتعاون واحترام الحقوق وتحقيق ذاته الاجتماعية.

لذلك يقوم الطفل في هذه المرحلة أيضا بممارسة الألعاب الرياضية، والألعاب ذات الطابع التنافسي، التي يمكن ممارستها داخل البيوت أو غرفة الصف، كالشطرنج، وورق اللعب، والكلمات المتقاطعة فجميعها تحقق للطفل فوائد عقلية وجسمية واجتماعية، وتكون في هذه المرحلة لعب الزمر ذات قيمة بالغة أو وسيط للتطبيع الاجتماعي والانتماء للشلة، والاستقلال الذاتي، لكنه يعتبر لعبا خطيرا اذا لم يحسن تنظيمه واستغلاله، ومن هنا يأتي دور المدرسة والمربين في تشجيعه على الفرق التي تنظمها المدرسة، وممارسة الألعاب التربوية المخططة، وفي ذلك يؤكد "دي بوا" أن ألوان نشاط اللعب الحركي الزمري تنمي مهارة، أو عادة وفي سياقها يحفز بالمنافسة والنصر ـ ويتعلم كيف يتقبل نتائج النظر والهزيمة بروح رياضية متواضعة. (١)

تنظيم اللعب في مرحلة المراهقة:

تسود في هذه المرحلة ألعاب الزمر والألعاب الرياضية الحركية، فهي مرحلة تسيطر عليها نزعة التعلق بالأبطال واعتزازهم بذواتهم، وتبرز القوة والشجاعة والاستقلال لدى المراهق، فهو يهتم بألعاب الرياضة والرحلات مع أفراد زمرته والألعاب الثقافية والألعاب العملية التي تنطوي على التجارب والاختراعات والاستكشاف، ففي هذه المرحلة الحساسة يكون الدور والمسؤولية الملقاة على عاتق المعلمين والمربين وأولياء الأمور التي تجنب الشباب مخاطر هذه المرحلة، يجب أن تنطلق من مبدأ تحقيق مطالب النمو، واتاحة فرص التوازن والتوافق الايجابي مع الذات والآخرين، وبالتالي تتكون شخصية متكاملة ناضجة مكتسبة المعارف والاتجاهات المعرفية كلها تنقلب على شخصيته، فالألعاب في هذه المرحلة تنمي جانبا واحدا (سواء أكان عقلياً أو جسدياً) وتخضع لأنظمة وقوانين وتصبح الزمرة

---

(١) عبد الرحمن الخلايلة ، علم نفس اللعب، ص٦١ .

أقل. والعلاقة تكون قويـة، ويركـزون في ألعابهم عـلى لعبـة واحـدة بحيـث تصبح نمط حياتي يومي.

التطبيقات التربوية:

من خلال دراسـة النقـاط الرئيسيـة التـي وردت في الوحـدة السـابقة نتوصل إلى أن اللعب عن طريق التقليد يـؤدي الى تمثيـل الأدوار الاجتماعيـة التي تكون لها صلة واضحة في حياة الطفل.

ويمكن استخدام اللعب في الحياة الاجتماعية وضمن إطار محـدد وان الاطفال يقومون بتقليد نماذج ولكل واحد منهم دور معين، وقد دخل اللعب التقليـدي في مرحلـة ريـاض الأطفـال التـي حـددت بـأن هنـاك ألعابـاً تنمي القدرات العقلية- الحركية وألعاب تنمي ضبط الانفعالات، والعاب تقـوي العلاقات الاجتماعية. ويمكن توضيح ذلك عن طريق النموج رقم (١-٩).

كـما يمكـن القـول بـأن تنظيـم اللعـب في ريـاض الأطفـال، والمدرسـة الابتدائية يعد من الامـور الضـرورية في تفعيـل دور الطفـل، كـما يسـتخدم اللعب في تنفيذ المنهج بشكل جيد، كما يمكن تحقيق ذلك عـن طريق اتبـاع ما يلي:

- يمكن ايجاد وسائل تنظيمية؛ تساعد الأطفال على القيام بألعابهم بشكل متكامل.
- تحديد الأنظمة والقوانين التي يمكن أن تؤدي إلى زيادة تعلم الأطفال.
- زيادة عدد الألعاب بحيث تكون بشكل منظم، في كل من رياض الأطفال والمدرسة الابتدائية.

خلاصـــة:

إن للعب أهمية كبيرة بالنسبة للأطفال فهو الحياة والتعلم، فعن طريق اللعب ينمي الطفل مهارات مختلفة ويلتزم بأنظمة وقوانين اللعب، ويمارسون ألعاباً عديدة، وأيضا يقدم اللعب للطفل السعادة الآنية.

فللعب أهمية كبيرة في جميع المراحل السابقة، ولكن يجب أن توجه الأهمية الكبرى في رعاية وتوجيه اللعب المنظم للمدرسة والمربين وذلك عن طريق اختيار الألعاب ذات الفائدة والأهمية والتي تنمي له المهارات المختلفة ويمكن الجدول رقم (٩-٣). أن يقارن بين خصائص اللعب في كل من مرحلة الطفولة المبكرة والمتوسطة والمراهقة:

رياض الأطفال (طفولة مبكرة)	المدرسة الابتدائية (طفولة متوسطة)	المدرسة العليا (المراهقة)
وجود ألعاب تزداد كميا ويكون وقتها قصير.	تقل عدد الألعاب بحيث تصبح لعبة واحدة يكون وقتها قصيراً.	يركزون على لعبة واحدة بحيث تصبح نمطاً حياتياً يومياً.
لا ترتبط بأنظمة وقوانين	تخضع لأنظمة قوانين تجبر الطفل على الانصياع لهذه الأنظمة.	تخضع لأنظمة وقوانين بشكل متكامل.
لا ترتبط اللعبة بالجماعة وانما تميل الى الاستقلالية الفردية.	ترتبط بالجماعة (الزمرة) بحيث يصبح الطفل جزءاً لا يتجزأ من الجماعة ولا يستطيع تركهم.	يرتبط اللعب بالجماعة مع محاولة الطفل على استقلال شخصيته.
ألعاب الأطفال تنمي عدة جوانب.	تركز على جانب أو اثنين.	تصبح هذه الألعاب لدى هذه الفئة تنمي جانبا واحد (سواء أكان عقلياً أو جسدياً).

من خلال عرض ما سبق يمكن أن نلخص الأمر بالنموذج رقم (٩-١٩)

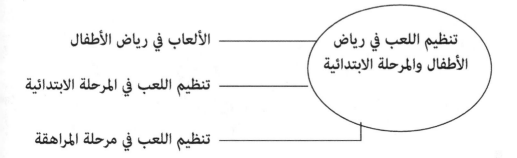

الألعاب في رياض الأطفال ———————— تنظيم اللعب في رياض الأطفال والمرحلة الابتدائية

تنظيم اللعب في المرحلة الابتدائية ————————

تنظيم اللعب في مرحلة المراهقة ————————

المصادر والمراجع

- حمدان (محمد زياد) ، وسائل وتكنولوجيا التعليم، عـمان: دار التربيـة الحديثة ١٩٨٦ (ص ٥٠-٥٥، ص ٨١-٨٨).

- عبد الحليم (فتح الباب) : وسائل التعليم والمـنهج، القـاهرة: دار النهضـة العربية ١٩٨٩ (ص ١١١-١٣٢).

- التنشئة الاجتماعية في ميدان الطفولة، جامعة القدس المفتوحة ١٩٩٨.

- Wool folk A, E: Educational psychology. London: prentice Hall International, ١٩٩٦.

الوحدة العاشرة

استغلال اللعب في التربية والعلاج النفسي

- تمهيد
- بناء الشخصية عن طريق اللعب
- اللعب يساهم في بناء الجانب الجسدي
- التخلص من التوتر عن طريق اللعب
- إكتساب المعرفة من خلال اللعب
- التخصص المهني من خلال اللعب
- إسهامات اللعب في تنمية الأطفال
- تصنيف الألعاب حسب قيمتها التربوية
- التطبيقات التربوية
- خلاصة
- المراجع

الوحدة العاشرة
استغلال اللعب في التربية والعلاج النفسي

تمهيد:

في الحقيقة ان اللعب يحدث تغييرات وتطورات في النمو العقلي، والنفسي ـ والجسمي للطفل، فاللعب وسيط تربوي يعمل على تشكيل شخصية الطفل، فيؤثر في سلوكه التحصيلي، والنمائي في المراحل النمائية المتعاقبة.

ومن خلال اللعب يبدأ الطفل في إشباع نزعته الى الحياة الاجتماعية مع الكبار، حيث الطفل يكتسب القيم والاتجاهات الاخلاقية والمعلومات والمهارات.

فتهدف هذه الوحدة الى التعبير عن الاقتناع بأهمية اللعب والدور الذي يلعبه في بناء الشخصية المتكاملة للطفل، ومن خلال ذلك يتم التعرف على مجالات استغلال اللعب في التربية من حيث:

١- بناء الشخصية.

٢- التخلص من التواتر.

٣- اكتساب المعرفة.

٤- التخصص المهني.

٥- تصنيف الالعاب حسب قيمتها التربوية والنفسية.

أولاً: بناء الشخصية عن طريق اللعب

يعتبر اللعب موقفاً نفسياً اجتماعياً ونشاطاً داخلياً يقوم به الطفل لتحقيق هدف معين، وقد يكون بقصد التسلية او بمثابة الترفيه عن النفس؛ حيث إن اللعب يحقق المتعة والراحة النفسية للطفل ويساهم اللعب في بناء شخصية الطفل من جوانب مختلفة.

اللعب يساهم في بناء الجانب الجسمي

وهذا من خلال الألعاب الحركية التي تساهم في بناء هذا الجانب الجسمي، فتتكون لدى الطفل اتجاهات معينة نحو كيانه وشخصيته البدنية ولتحقيق ذلك يجب أن تترك الحرية للطفل في اختيار اللعب دون تهديد، إذ يقوم المرشد أول الامر بمراقبة الطفل وهو يلعب وحده، ومن ثم يشترك معه تدريجياً ليقدم مساعدات أو تفسيرات لدفع الطفل ومشاعره بما يتناسب مع عمره وحالته، وهذا بدوره ينمي شخصيته، ويجعله قادراً على التكيف والانسجام. كما أن اللعب يأخذ بعين الاعتبار الناحية الجسدية لدى الطفل وعلى اللعب مرة أخرى أن يأخذ بعين الاعتبار الناحية الاجتماعية والنفسية، بحيث يتطلب ذلك المشاركة والتعاون، ومعرفة قوانين وقواعد اللعبة والالتزام بها، وهذا بدوره يؤدي إلى تنمية القيم والاتجاهات الاجتماعية والخلقية لدى الطفل وبالتالي ينمي شخصيته.

التخلص من التوتر عن طريق اللعب

يحقق اللعب تفاعلاً نفسيا انفعاليا لدى الطفل مع غيره، ولهذا نجد أن كثيراً من الاطفال يستمتعون ببعض الالعاب التي لها علاقة بتفريغ انفعالاتهم، فأكدت كثير من الدراسات على هذه الناحية بصورة مباشرة او غير مباشرة وبالذات على أثر ممارسة الالعاب في مرحلة الطفولة المبكرة على تفريغ انفعالاتهم، وبالتالي يكون الأطفال منسجمين مع غيرهم، وهذا يؤدي الى النضج الانفعالي للطفل ويجعله اكثر تقبلا لواقعه وزملائه ويخلصه من كثير من التوترات النفسية والانفعالية التي يعاني منها.

فالتفريغ الانفعالي يعتبر أمراً هاماً لإيجاد صحة نفسية متكاملة عند الطفل، وهذا لا يحدث بصورة عشوائية، وإنما لابد من تنظيم البيئة المحيطة. يحدث الاتزان لدى الطفل عن طريق اللعب، وذلك عندما يتخلص من الكبت والتوتر ويختل التوازن عند الطفل عندما:

- يعاقبه الكبار بالضرب، مما يؤدي الى عجزه عن الرد عليهم، فيقوم بلعب دور الكبار في أنماط اللعب الايهامي ، لإعادة توازنه، فيضرب الدمى، وقد يوجه لهم نفس العبارات التي كانت توجه اليه ويعتبر اللعب هنا أداة تعويض.
- يتعرض للمخاوف والتوترات التي تخلقها البيئة وحالات النقص والحرمان الذي يعانيه سواء أكان حرمانا عاطفيا، ماديا، تعبيريا، فيلجأ للعب حيث يجد كل ما يحتاج اليه وينقصه لاستعادة توازنه.
- يتيح اللعب فرصة للتعبير والتنفيس الانفعالي عن التوترات التي تنشأ عن الصراع والاحباط.
- يعتبر اللعب أداة تعبير تفوق اللغة والكلام، فكثيراً ما يصعب على الاطفال التعبير عن مشاعرهم بالالفاظ، ونلاحظ أنهم في لعبهم يبرزون مواقف وحوادث أزعجتهم.
- اتخذ اطباء النفس من اللعب وسيلة لعلاج كثير من الاضطرابات الانفعالية التي يعانيها الاطفال، لأن الطفل يلعب على سجيته، فتكشف رغباته وميوله واتجاهاته تلقائيا، ويبدو سلوكه طبيعيا، وبذلك يمكن تفسير ما يعاني من مشكلات فقد استخدم فرويد اللعب التلقائي في علاج الأطفال المضطربي العقل بفرض ملاحظتهم واستخدمت (ميلاني كلين) التحليل النفسي لعلاج الأطفال عن طريق اللعب التلقائي بدلا من التداعي الحر الذي يستخدم في علاج الكبار وركزت على علاقة الطفل بالمعالج، لأنه يخفف قلق الطفل ويسمح لهم بالتراضي عن تصرفاته.

العلاج غير الموجه يعتقد أن اللعب الحر من جانب الكبار يعالج الاضطرابات الوجدانية، فدور المعالج غير المباشر يخلق جوا من المودة والرضى ويستطيع المرضى في نطاقه التعبير بحرية عن حاجاتهم.

كما يؤدي اللعب دوراً في تنشئة الطفل اجتماعيا واتزانه انفعاليا وعاطفيا فيتعلم الطفل من خلال اللعب مع الاخرين، مشاركتهم في أداء الادوار، والالتزام

بقواعد الالعاب وقوانينها، والتعاون والايثار، والاخذ والعطاء واحترام حقوق الآخرين وادوارهم، يكتسب مهارات العمل الجماعي فيتخلى عن التمركز حول الذات والانانية ويكتسب الاتجاهات الاجتماعية.

يضطلع اللعب بدور بارز في تكوين النظام او النسق الاخلاقي والقيمي للطفل، ويستمد هذا النسق اصوله من ممارسة انشطة اللعب في وسط اجتماعي بالتفاعل مع الاطفال الآخرين، فيتعلم الاطفال عن طريق الكبار مفهوم الصواب والخطأ، اذا لم يتمكن الطفل من التخلص من التوتر النفسي والمشاعر السلبية المتراكمة فإن ذلك يؤدي الى الدوران، الانحراف السلوكي والخلقي، مما يؤدي الى السرقة والكذب، الهروب من المدرسة.

وبذلك يمكن دراسة سلوك الطفل عن طريق ملاحظته اثناء اللعب بهدف تشخيص مشكلته، فسلوك الطفل المضطرب نفسياً وهو يلعب يختلف عن سلوك الطفل العادي الصحيح نفسيا. وتشير الدراسات أن للعب أهمية في العلاج النفسي وهذا يكمن في النقاط التالية:-

١- ضبط وتوجيه وتصحيح سلوك الطفل عن طريق المرشد.

٢- دعم النمو الجسمي والعقلي والاجتماعي والانفعالي المتكامل المتوازن للطفل.

٣- تقوية الطفل جسديا وتزويده بمعلومات عامة ومعايير اجتماعية وضبط انفعالاته.

٤- يستخدم اللعب في اشباع حاجات الطفل كحاجة الى اللعب نفسه، او حاجته الى التملك، السيطرة، الاستقلال.

من خلال عرض النقاط السابقة، يمكن التأكيد على أن المعالج النفسي:

يستفيد من مراقبة اللعب باعتباره وسيلة للتعبير الرمزي عن خبرات الطفل في عالم الواقع، لأن الطفل اثناء لعبه يعبر عن مشكلاته، وصراعاته واحباطاته بصورة رمزية، فيستفيد المرشد كثيرا بما يلاحظه على سلوك الطفل أثناء اللعب. كسن الرفاق ومدى الاستمتاع باللعب تحديد الشخصيات في اللعب الحالة الانفعالية

أثناء اللعب، مدى ظهور دلائل الابتكار تحديد درجة السوء والاضطرابات في كل حالة.

وقد تستخدم اختبارات اللعب الإسقاطية كوسيلة هامة في التشخيص.

كما أن للطفل شخصيته الانفعالية التي تخضع لتغيرات وتطورات عديدة عن طريق النماء والتكيف وقد يتعرض الطفل خلال تفاعله مع الظروف المحيطة به الى انفعالات سلبية من كبت وإحباط وفشل وغير ذلك.

وهذه الانفعالات السلبية الناتجة عن:

١- أساليب الكبار الخاطئة في التربية الصغار.

٢- الأحداث الأسرية المختلفة مثل الطلاق والشجار وغيرها؛ كلها تؤدي إلى إحباطات وتوترات.

فيلجأ الطفل الى اللعب الإيهامي للتخلص من هذه الانفعالات السلبية واستعادة التوازن، أما اذا لم يتمكن الطفل من التخلص من هذه التوترات والانفعالات السلبية فإن ذلك يؤدي الى:

١- العدوان.

٢- الانحراف السلوكي والخلقي.

٣- والكذب والسرقة

٤- والهروب من المدرسة.

اكتساب المعرفة

اللعب نشاط مربٍ يساهم في نمو الذاكرة والتفكير والإدراك والتخيل والكلام والانفعالات ويعطي اتجاهات وقيم وقد نادى روسو بأن نترك الطفل للطبيعة، وقد قال (ان اللعب هو اسلوب الطبيعة في التربية) وتبعه فروبل وتمركزت فكرته حول أن اللعب فرصة طيبة لنشاط تعليمي منتج، أما منتسيوري فقد نادى بإقامة بيوت للأطفال يتعلم فيها الطفل القراءة والكتابة والعد عن طريق اللعب والكثير من المعارف والحقائق، وقد سبقت الإشارة إلى أهمية اللعب كأداة

تعلم واكتشاف من خلال استيعاب الطفل الكثير من المعلومات والحقائق التي تتم عن طريق تفاعل واتصال الطفل بالمحيط، ولكي يحقق اللعب هذه المزايا التعليمية ينبغي أن يكون هناك تخطيط وتوجيه من قبل الأهل والمربين لتنظيم اكتساب المعرفة دون ان يفقده روح الحرية والاستقلالية وقد اثبتت التجارب التي قام بها بيري في بريطانيا ان الاطفال تستثيرهم الكثير من مظاهر العلم والتكنولوجيا وقد تبين ان الاطفال يهتمون بالدمى والالعاب التكنولوجية المعاصرة؛ لذا تنمو عندهم الحصيلة اللغوية وقدرتهم على التواصل، وذلك من خلال اللعب بالماء والقوارب البلاستيكية فالطفل يتعرف على مبادئ الكثافة والوزن.

التخصص المهني من خلال اللعب

اللعب هو نشاط يتعلم الاطفال منه معارف ومهارات وخبرات عديدة فتبنى شخصياتهم وتوجهاتهم مستقبلاً، فالأطفال عندما يلعبون يتقمصون عملاً او مهنة المستقبل التي يرغبون بها ويفضلونها عن غيرها من المهن ويتأثر الأطفال في ذلك بوالديهم او اقربائهم وتظهر الاهتمامات والتفضيلات من خلال ما يمارسه هؤلاء الأطفال من ألوان اللعب، وتكون البنات اكثر ثباتا في اختيارهن للمهنة من الصبيان، ولذلك يقوم الاطفال بأي عمل عن طيب خاطر؛ فينبغي على الوالدين الاهتمام بالاطفال في اختيار مهنة المستقبل، ممثلاً ذلك في النقاط التالية:-

١- مساعدتهم على التعرف على انواع المهن المتوفرة.

٢- التدرب على بعض مهارات تلك المهن وممارستها عن طريق اللعب التمثيلي.

٣- التعرف على قدرتهم وامكاناتهم بشكل يعينهم على الاختيار المناسب.

٤- الكشف عن ميولهم ورغباتهم وتنميتها.

٥- التبصر بقيمة العمل والاعمال المختلفة للفرد والمجتمع.

من خلال عرض ما سبق نجد بأن للعب أهمية في توجيه الطفل مهنياً، وهذا بدوره ينمي هذا الاتجاه بشكل مباشر، ويجعل من الطفل قادراً على تصور

مهنة المستقبل، ويعزى ذلك لطبيعة البيئة الاجتماعية الثقافية التي ينتمي إليها الطفل.

اسهامات اللعب في تنمية الاطفال

تشير الدراسات إلى أن للعب اهمية في تنمية شخصية الطفل من جميع الجوانب، حيث تحدد ذلك بثلاث جوانب وهي على النحو التالي:-

أولاً: يسهم اللعب في إشباع الدافع القومي

للظروف المعيشية والبيئة الطبيعية أثر في مضامين اللعب وطرقه وأدواته؛ فالطفل يتعلم من خلال اللعب الجماعي القوانين والقواعد الاخلاقية والاجتماعية، ويكتسب انماط السلوك المقبول وغير المقبول اجتماعيا، لأن (مجتمع اللعب) هو مجتمع مصغر عن المجتمع الاكبر يتلقى فيه الطفل تدريبه الاول وتتوقف قيمة اللعب على نظرة الكبار للعب وعلى تقديرهم لأهميتهم ودوره الوطني والقومي ويساعدهم على الانتماء للجماعة وتعزيز علاقة الطفل بالأرض والوطن والمعالم الحضارية.

ثانياً: اللعب يساهم في بناء الجانب العقلي المعرفي

وهذا من خلال الألعاب التي تتصف بالتفاعل النشط مع مؤثرات البيئة وعناصرها المادية والبشرية وما ينتج من معارف ومهارات واكتشافات فهذه الألعاب تؤثر على الطفل من الناحية الادراكية؛ حيث تنشط لدى الطفل المهارات العقلية كالانتباه والإدراك والتصور والتخيل.. الخ.

إن الطفل من خلال لعبه يجمع الكثير من حقائق الكون حيث يبدأ في فهم بعض أسراره، فهو يكتشف مثلا ان يضع طوبة على الأخرى بشكل متوافق لكي يحفظ التوازن، وهكذا يتعلم شيئاً فشيئاالكثيرمن الحقائق المجردةدون القدرة على

صياغة الحقائق في كلمات، فكم من طفل يسأل أمه: ماذا تعملين؟ أريد أن أعمل مثلك أو معك وهذا دليل على رغبة في المشاركة وحب للاستطلاع. [1]

ثالثاً: اللعب يساهم في بناء الجانب الاجتماعي

وهـذا مـن خـلال اللعـب التعـاوني ويتطلب ذلك مشاركة وتعاوناً وتنافساً ومعرفة قوانين وقواعد والالتزام بها، حيث تنمو لـدى الطفـل القيم والاتجاهات الاجتماعية والخلقية ويتخلص مـن التوترات العصبية وعوامـل الكبت.

يمثل اللعب سلسلة من الحركات الجسدية تستند الى نواحي انفعالية عقلية اجتماعية، فمن خلال اللعب يدرك الأطفال الأشياء المختلفة والألوان والأحجام ويتعرفون على البيئة المحيطة بهم.

تصنيف الألعاب حسب قيمتها التربوية

يمكن تصنيف الالعاب المختلفة الى أصناف متعددة في ضوء قيمتها التربوية بالنسبة للأطفال وبالنسبة لما يتطلبه كل منها من اعمال او مهارات او معارف ومن اشهر هذه الالعاب:

- الدمى
- أدوات الصيد البري والبحري
- الأدوات والاواني المنزلية.

الألعاب الحركية (ألعاب المهارات):

- ألعاب الرمي والقذف.
- ألعاب البناء والتركيب
- القفز

ألعاب الذكاء:

- الفوازير (الحزازير)

---

(١) محمد عبد الرحيم عدس، رياض الأطفال، ص ٣٨.

- الكلمات المتقاطعة

الألعاب التمثيلية:

- التمثيل المسرحي

- اللعب الايهامي

ألعاب الغناء والرقص:

- الغناء التمثيلي

- تقليد الاغاني

ألعاب الحظ:

- الدومينو

- ألعاب التخمين والتقدير

قراءة القصص والألعاب الثقافية:

- المسابقات الشعرية

- بطاقات التعبير

ولهذا يجب على المعلم أن يستخدم هذه الألعاب في عملية التدريس، حتى يؤدي إلى تفعيل دور الطفل داخل غرفة الصف حيث يقوم ذلك على خطوتين هما:-

الخطوة الأولى: إجراء دراسة على الألعاب المتوافرة في بيئة الطفل والحالة المادية في المدرسة وأنواع الألعاب التربوية.

الخطوة الثانية: استغلال الألعاب لتحقيق الأهداف التعليمية التربوية.

وعلى المعلم أن يتبع الخطوات التالية:

أ- معرفة عمر الطفل وقدراته العقلية.

ب- أنواع المواد اللازمة لها وخصائصها وقيمتها.

جـ- تحديد الاهداف التعليمية السلوكية.

هذه أهم الخطوات التي يجب أن يأخذها المعلم في تفعيل دور الطفل في عملية اللعب وعلاقتها بالتعلم

التطبيقات التربوية

أن المتتبع لهذه الوحدة يجّد أن للعب عدة إسهامات، ويظهر ذلك في تحديد معالم شخصية الطفل وزيادة فعاليتها، ولهذا لا بد أن نؤكد على أن الاهمية التربوية لهذه الوحدة، تكمن في النقاط التالية:

- ربط الالعاب التي تنمي شخصية الطفل في النشاطات اللامنهجية المدرسية.
- ايجاد ألعاب تقوم على استثارة الذاكرة وتنميتها ممثلاً ذلك في الناحية المعرفية.
- ايجاد ألعاب تعد ذات أهمية في اختيار الطفل لمهنته المستقبلية.

الخلاصة

يتبين من خلال هذه الوحدة دور اللعب وأهميته في عملية تشكيل شخصية الطفل بأبعادها المختلفة المعرفية والجسمية والحركية والنفسية والاجتماعية، فالطفل يكتسب الكثير من المهارات والمعلومات ويتشرب اتجاهات معينة نحو الذات والاخرين ويتعلم قوانين وانظمة ويتحمل المسؤولية ويعبر عن الانفعالات ويفرغ الكبت والاحباط عن طريق اللعب الايهامي، كذلك تكلمنا عن اهمية اللعب في اكساب الطفل المعرفة من خلال نمو الذاكرة والادراك فيعطيه ذلك اتجاهات وقيماً.

كما أن للعب دوراً مهماً في تفعيل دور اللعب وتشكيل البنية الأساسية له في هذا المجال وقد أكدت دراسات عديدة ومتنوعة أن للتعزيز أهمية في زيادة فعالية اللعب كما ان لدور الممارسة والاتقان أهمية في تكرار نمطية اللعب وتشكيل ما يسمى انظمة اللعب بحيث تتوافق وتنسجم من ناحيتين هما:

أ-الناحية البيتية ممثلاً ذلك في توفير الادوات والوسائل المناسبة للقيام باللعبة.

ب-تنمية شخصية الطفل بحيث تجعله قادراً على التكيف والانسجام.

وفي ضوء ما سبق يمكن أن نوضح ذلك بالنموذج رقم (١٠-٢١)

استغلال اللعب في التربية والعلاج النفسي

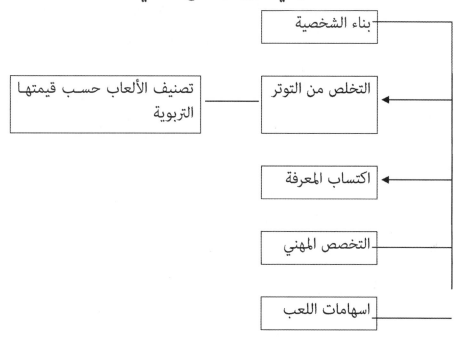

المصادر والمراجع

- البيلاوي (فيولا): "الأطفال واللعب". مجلة عالم الفكر، العدد الثالث، نوفمبر، ديسمبر، ١٩٧٩.

- بلقيس (أحمد): تطبيقات تربوية على التعلم المنفرد، (E/٢٠)، الجزء الرابع، معهد التربية، الاونروا، عمان ١٩٨١.

- شوق (محي الدين): لماذا يلعب الطفل، وكيف يختار لعبته، مجلة العربي عدد ٤٠ مايو ١٩٧٨.

- عبد الهادي (نبيل): نماذج تربوية معاصرة. الطبعة الأولى، عمان: دار وائل ٢٠٠٠.

- عدس (محمد عبد الرحيم)، مصلح (عدنان عارف): رياض الاطفال. الطبعة الخامسة، عمان: دار الفكر، ١٩٩٥.

- منصور (طلعت): نمو الاطفال، مجلة عالم الفكر، عدد (٤)، نوفمبر ١٩٧٩.

الوحدة الحادية عشرة

أثر اللعب في تنمية الجوانب المختلفة عند الأطفال

الوحدة الحادية عشرة
أثر اللعب في تنمية الجوانب المختلفة عند الاطفال

تمهيد

يُحقق اللعب تفاعلا نفسياً انفعالياً لدى الطفل مع غيره، ولهذا نجد أن كثيراً من الأطفال ما يتتبعون بعض الألعاب التي لها علاقة بتفريغ انفعالاتهم، فأكدت كثير من الدراسات على هذه الناحية بصورة مباشرة او غير مباشرة، وبالذات على أثر ممارسة الألعاب في مرحلة الطفولة المبكرة على تفريغ انفعالاتهم.

وبالتالي يكون الأطفال منسجمين مع غيرهم، وهذا ما يؤدي الى النضج الانفعالي للطفل، ويجعله اكثر تقبلا لواقعه وزملائه، ويخلصه من كثير من التوترات النفسية، والانفعالية، التي يعاني منها.

اللعب والتفريغ الانفعالي

فيعتبر التفريغ الانفعالي أمراً ضرورياً لايجاد صحة نفسية متكاملة عند الطفل، وهذا ما يحدث بصورة عشوائية، وإنما لابد من تنظيم البيئة المحيطة.

هناك علاقة مبنية بين اللعب والتفريغ الانفعالي، فاللعب هو الآلية التي يلجأ إليها الطفل للتخلص من التوترات والقلق والخوف للوصول إلى مرحلة النسيان والفرح والتفاعل مع الآخرين، فكثيرا ما نجد من الأطفال الذين يقومون بسلوكيات يستحقون العقاب عليها يؤجل عقابهم لسبب ما عندها يمارسون مثل هذه الأفعال التفريغية من أقرانهم، وهذا في المحصلة النهائية يحقق التوازن والاستقرار كما أقرته دراسات علم النفس الاجتماعي .

كما يعد اللعب أداة تعبيرية تفوق اللغة والكلام، وتجعل التواصل بين الأفراد ممكناً وميسوراً، فكثيرا ما يصعب على الأطفال التعبير عن مشاعرهم بالألفاظ،

ونلاحظ أنهم في لعبهم يبرزون بالتمثيل مواقف وحوادث أزعجتهم. وبما أن اللعب يعتبر مدخلا لدراسة الأطفال، وتحليل شخصياتهم وتشخيص أسباب ما يعانون من مشكلات انفعالية تصل الى مستوى الأمراض النفسية، اتخذ أطباء النفس من اللعب وسيلة لعلاج كثير من الاضطرابات الانفعالية التي يعانيها الاطفال، لأن الطفل يلعب على سجيته فتكشف رغباته وميوله واتجاهاته تلقائيا ويبدو سلوكه طبيعياً، بذلك يمكن تفسير ما يعاني من مشكلات فقد استخدم فرويد اللعب في علاج الأطفال المضطربين نفسياً بغرض ملاحظتهم وفهمهم. كما استخدمت (ميلاني كلين) التحليل النفسي- لعلاج الأطفال عن طريق اللعب التلقائي بدلا من التداعي الحر، الذي يستخدم في علاج الكبار، وركزت (ميلاني) على علاقة الطفل بالمعالج بوصفه أهم عامل في العلاج غير الموجه، فيعتقد أن اللعب الحر من جانب الكبار يعالج الاضطرابات الوجدانية، فدور المعالج غير المباشر يخلق جوا من المودة والرضى، يستطيع المرضى في نظامه التعبير بحرية عن حاجاتهم.

كما يحدث الاتزان لدى الطفل عندما يتخلص من التوتر والكبت ويتم ذلك عن طريق اللعب ويختل التوازن عند الطفل عندما:

- يعاقبه الكبار بالضرب، مما يؤدي إلى عجزه عن الرد عليهم، فيقوم بلعب دور الكبار في أنماط اللعب الايهامي لإعادة توازنه.

- يتعرض الطفل للمخاوف والتوترات التي تخلقها البيئة، وحالات النقص والحرمان الذي يعانيه سواء أكان عاطفياً أو مادياً أو تعبيرياً، فيلجأ للعب لاستعادة توازنه.

- يُعد اللعب أداة تفوق اللغة والكلام، فكثيرا ما يصعب على الاطفال التعبير عن مشاعرهم بالألفاظ، فنلاحظ أنهم في لعبهم يبرزون مواقف أزعجتهم.

- اتخذ أطباء النفس من اللعب وسيلة لعلاج كثير من الاضطرابات الانفعالية التي يعانيها الاطفال، مثل فرويد وميلاني كلين.

اللعب وتعليم المهارات

يؤدي اللعب دوراً في تنشئة الطفل اجتماعيا، واتزانه انفعالياً، وعاطفياً، فيتعلم الطفل من خلال اللعب مع الآخرين مشاركتهم في أداء الأدوار، الالتزام بقواعد الألعاب وقوانينها، التعاون والإيثار احترام حقوق الاخرين، ويكتسب مهارات العمل الجماعي.

يشكّل اللعب دوراً بارزاً في تكوين النظام أو النسق الأخلاقي القيمي للطفل؛ الذي يستمد أصوله من ممارسة أنشطة اللعب بالتفاعل مع الآخرين، فيتعلم الصواب والخطأ، ويكتسب معايير السلوك المرغوب فيها، والتي تتحدد بدرجة كبيرة في الدور الذي يقوم به الطفل ويتوحد مع خلال عمليتي التمثل والمواءمة.

يقوم اللعب الاستكشافي خاصة في المرحل الدنيا على اللعب التمثيلي.

خصائص لعب الدور عند الأطفال باستخدام اللعب:

كما ذكرنا سابقاً بأن للعب دوراً مهماً وخاصة في تشكيل سلوك الاطفال فإن خصائص لعب الدور تكمن في النقاط التالية:

١- تكرار الأفعال التي تحدث نتائج واستدعاء الصور الذهنية أحداث سابقة.

٢- قيام الطفل بنشاط معرفي، وذلك بمحاكاة وتقليد الكبار وسلوكهم.

٣- استخدام النشاط اللغوي، باستخدام مهارات اللغوية.

٤- استخدام النشاط الاجتماعي الانفعالي "الجماعي" الذي يعبر فيه عن انفعالاته بوضوح.

٥- استخدام النشاط الحركي.

٦- تفريغ المشاعر والانفعالات السلبية التي يعاني منها الطفل.

يؤدي اللعب دورا في عملية تنشئة الطفل اجتماعيا، واتزانه انفعالياً وعاطفياً، وذلك عن طريق اللعب:

١- يتعلم الطفل من خلال اللعب مع الآخرين ومشاركتهم في أداء الأدوار والالتزام بقواعد الألعاب وقوانينها، والتعاون والإيثار والأخذ والعطاء واحترام حقوق الآخرين وأدوارهم.

٢- يكتسب مهارات العمل الجماعي، يتخلى عن الأنانية والتمركز حول الذات، ويكتسب الاتجاهات الاجتماعية.

يلعب اللعب بأشكاله دوراً بارزاً في تكوين النظام أو النسق الأخلاقي والقيمي للطفل، ويستمد هذا النسق أصوله من ممارسة أنشطة اللعب في وسط اجتماعي بالتفاعل مع الأطفال الآخرين، ويتعلم الأطفال مفهوم الصواب والخطأ ويكتسبون معايير السلوك عن طريق الكبار، ولكن التدعيم الفعلي لهذه المعايير يكون من خلال الممارسة الفعلية لها في نطاق أنشطة اللعب. وهكذا نجد أن معايير السلوك الاجتماعي المرغوب فيها تتجه بدرجة كبيرة في الدور الذي يقوم به الطفل في اللعب، ويتوحد معه خلال عمليتي التمثيل والمواءمة.

فالطفل يعرف أنه يجب أن يكون متعاوناً وموضع ثقة، وقادراً على التحكم بعواطفه عند الكسب أو الخسارة إذا ما أراد ان يكون عضواً مقبولاً في جماعة والتعلم الاستكشافي خاصة في المراحل الدنيا يقوم على اللعب التمثيلي على ما يلي:

١- عندما يمثل الطفل الأدوار مع غيره من الأطفال يتعلم عن أدوار الكبار التي يمثلها.

٢- يكتسب الطفل قواعد السلوك التي تتصل بتلك الأدوار.

٣- هذا النمط من اللعب يوفر للطفل فرص التفاعل الاجتماعي مع الأتراب، والذي له أهمية في علاج ومساعدة الطفل، على التخلص من أنانيته وتمركزه حول ذاته.

٤- اللعب بمختلف أشكاله يوفر دفعاً داخلياً للأطفال يحفزهم على التعلم والتطور والنمو.

٥- اللعب التمثيلي يقرب الطفل من مفاهيم الحياة وعلاقاته بشكل مصغر ومركز ويساعده على التكيف والنماء.

كما يحتل اللعب بالأدوار مكانة هامة في نمو الأطفال بين سن (٧-١٢) سنة فيمثل هذا النمط ذلك النشاط المسيطر في طفولته ما قبل الدراسة.

كما ينشأ ويتوحد مع الأنواع الأخرى من ممارسات الطفل كالاستماع للقصص والحكايات كما هناك علاقة بين اللعب والتعلم.

كما أن للعب أهمية كبيرة في التعلم والاستكشاف للحقائق كما قال (روسو): يجب أن نترك الطفل للطبيعة من أجل أن يلعب ويتعلم، وهذا يجعلهم يكتسبون المعرفةوالحقائق. كما في مشروع (والتو): (walto scheme) بأن للطفل حرية اللعب ويقوم بالتلقائية فالعمر الزمني للطفل له دور كبير في نوعية اللعب والعملية المكتسبة فالأطفال دون العاشرة يشاركون أكثر من غيرهم في اللعب بالرمل، وبناء البيوت وبذلك يدركون عملية البناء وما تحتاجه من مواد.

أما الأطفال الذين تقل أعمارهم عن الرابعة عشرة، فيحبون الركض والقفز والتسلق أكثر من غيرها. وبهذا فاللعب ينمي الذاكرة ويساعد على التفكير والتخيل والكلام والقدرات والمهارات والقيم، وعلينا كأهل أن نوجّه الطفل باللعب السليم الذي يزيد من معرفته، فاستغلال اللعب وتنظيمه يؤدي إلى:

١- نمو مهارة جمع المواد باهتمام جاعلاً من ذلك شيئاً تعبيرياً يثير شغف الأطفال.

٢- ويساعد الطفل على التعبير الحر عما يراودهم من أفكار.

٣- ويساعدعلى نمومهارةالاجابةعن الأسئلةالموجه إليهم،وتكوين الجمل المفيدة.

٤- نمو القدرة على التركيز والانتباه على العمل الذي يختارونه.

أما اللعب بالنسبة للمعلم فيشكل أداة للتعرف على الاطفال، من حيث تكوينهم النفسي والعقلي والثقافي، ولهذا ذكر (بلوم) Blom مجالات التعلم الثلاث، فالمجال المعرفي يؤكد على أهمية اللعب الذي يحتاج إلى فهم وحفظ قواعد اللعب

وقوانينه وتطبيقها وإلى قدرة الأطفال على التحليل والتركيب والابتكار كما في ألعاب التركيب والبناء والدومينو والشطرنج.

أما المجال الانفعالي، فيتمثل باللعب الذي يؤدي دوراً مهماً وبناء في تنشئة الطفل اجتماعيا، واتزانه عاطفيا وانفعاليا؛ حيث يكتسب مهارات العمل الجماعي.أما المجال النفس - حركي: فمن خلاله يكتسب الطفل مهارات جسدية كحركة اليدين والرجلين والأصابع والرأس، وذلك من خلال الركض والقفز والرقص والتسلق حيث يبدي الاطفال اهتماماً كبيراً باختيار ألعابهم ويمارسونها كعمل أو مهنة المستقبل ويتأثر الأطفال في ذلك بالنماذج التي تؤثر على شخصياتهم كالوالدين والأقارب.

ولكي يقوم الأطفال بأي عمل ينبغي أن نساعدهم على فهم مغزى العمل في الحياة وأهميته للمجتمع، وإن نتج لهم عن طريق اللعب فرص التعرف الى أدوات العمل ووسائله ومواده عن طريق تمثيل الأدوار، ولذلك يتوقف واجب الأباء والمدرسين على ما يلي:

١- مساعدة الأطفال في التعرف على أنواع المهن.

٢- تدريبهم على بعض المهارات في تلك المهن.

٣- التعرف على قدراتهم وإمكاناتهم.

٤- الكشف عن ميولهم ورغباتهم وتنميتها.

من خلال عرض ما سبق من خصائص اللعب بشكل عام نجد بأن للعب أهمية في بناء شخصية الطفل، وإعداده لحياة المستقبل بشكل أفضل ويظهر ذلك في النقاط التالية: -

١- تكرار الأفعال التي تحدث نتائج واستدعاء الصور الذهنية التي تمثل أحداثا وأشياء سبق أن مرت في خبرته السابقة.

٢- قيام الطفل بنشاط معرفي واضح، وذلك بمحاكاة وتقليد الكبار وسلوكهم فالطفل يدرك يتذكر ويتصور ويفكر.
٣- استخدام النشاط اللغوي باستخدام المهارات اللغوية.
٤- استخدام النشاط الاجتماعي الانفعالي "الجماعي" الذي يعبر فيه عن انفعالاته بشكل واضح خاصة عند لعب أدوار (الأم، الأب، السائق) فهو إما راض أو غاضب .
٥- استخدام النشاط الحركي.
٦- تفريغ المشاعر والانفعالات السلبية التي قد يعاني منها الطفل، فقد يكون للأطفال فرصة للعب أدوار التسلط والخضوع أو أدوار الأسد والفريسة.

التشخيص من خلال اللعب:

يتعرض الطفل أثناء تفاعله مع الظروف المحيطة به إلى أنواع من الكبت أو الاحباط أو الفشل التي لا يتمكن من التخلص منها بالطرق الطبيعية المألوفة، فعندما ينال عقابا ممن هم أكبر منه سنا فإنه لا يستطيع الرد عليهم بالعقاب فيلجأ للعب، حيث يجد فرصة التفريغ على لعبة للتخلص من التوتر النفسي الذي انتابه، كما تؤدي أساليب الكبار الخاطئة في تربية الصغار والتعامل معهم الى بعث القلق والتوتر والخوف في نفوسهم، وكذلك بعض الحالات الأسرية مثل ولادة جديدة، أو شجار، أو طلاق يؤدي ذلك الى احباطات وتوترات نفسية، يلجأ الطفل الى تفريغها عن طريق اللعب الإيهامي أو التمثيلي وممارسة الألعاب التي تحتاج إلى قوة وحركة تشكل متنفسا للضغط المتراكم في داخله.

اذا لم يتمكن الطفل من التخلص من التوتر النفسي والمشاعر السلبية المتراكمة فإن ذلك سيؤدي إلى العدوان، الانحراف السلوكي والخلقي، ويؤدي الى الكذب، السرقة والهروب من المدرسة.

بذلك يمكن دراسة سلوك الطفل عن طريق ملاحظته أثناء اللعب بهدف تشخيص مشكلته، فسلوك الطفل المضطرب نفسيا وهو يلعب يختلف عن سلوك الطفل العادي الصحيح نفسيا.

فيستفيد المعالج من اللعب كوسيلة للتعبير الرمزي عن خبرات الطفل في عالم الواقع لأن الطفل أثناء لعبه يعبر عن مشكلاته وصراعاته واحباطاته بصورة رمزية، فيستفيد المرشد من الكثير مما يلاحظه على سلوك الطفل أثناء اللعب، مثل:

- سن الرفاق ومدى الاستمتاع باللعب.
- الحالة الانفعالية أثناء اللعب.
- تحديد الشخصيات في اللعب.
- مدى ظهور دلائل الابتكار.
- تحديد درجة السواء والاضطراب في كل حالة.

وقد تستخدم اختبارات اللعب الاسقاطية كوسيلة هامة في التشخيص.

أهمية اللعب في العلاج النفسي:

ضبط وتوجيه وتصحيح سلوك الطفل عن طريق المرشد، رغم النمو الجسمي والعقلي والاجتماعي والانفعالي المتكامل المتوازن للطفل، وتقوية الطفل جسميا وتزويده بمعلومات عامة ومعايير اجتماعية وضبط انفعالاته، كما يستخدم اللعب في اشباع حاجات الطفل، كحاجته الى اللعب نفسه، أو حاجته الى التملك أو السيطرة والاستقلال.

يتيح اللعب فرصة للتعبير والتنفيس الانفعالي عن التوترات التي تنشأ عن الصراع والاحباط.

يتبع المرشد احد الأسلوبين التاليين في الإرشاد باللعب:

١- اللعب الحر: يترك فيه الحرية للطفل في اختيار اللعب دون تحديد يقوم المرشد بأول الأمر بمراقبة الطفل وهو يلعب وحده، ومن ثم يشترك معه تدريجيا ليقدم مساعدات أو تفسيرات لدفع الطفل ومشاعره بما يتناسب مع عمره وحالته.

٢- اللعب المحدد: وهو لعب موجه مخطط، وفيه يحدد المرشد مسرح اللعب ويختار اللعب وأدواته بما يتناسب مع عمر الطفل وخبرته ويصمم اللعب بما يناسب مشكلة الطفل.

وبهذا يحتاج الإرشاد باللعب الى مرشد ذي شخصية وقدرات تناسب التعامل مع الأطفال كما يحتاج الى تدريب خاص. ومن خلال اللعب تتم عملية التشخيص.

أهم الأمراض النفسية التي يعاني منها الطفل، فعندما يختل توازنه يحاول إعادته عن طريق اللعب، فإذا لم يتمكن الطفل من التخلص من التوتر النفسي والمشاعر السلبية فإن ذلك يؤدي إلى السرقة، الكذب والهروب من المدرسة. وبذلك يمكن دراسة سلوك الطفل عن طريق ملاحظته أثناء اللعب بهدف تشخيص مشكلته، فيستفيد المعالج النفسي من اللعب كوسيلة للتعبير الرمزي عن خبرات الطفل في عالم الواقع، لأن الطفل أثناء لعبه يعبر عن مشكلاته وصراعاته، وإحباطاته بصورة رمزية.

التطبيقات التربوية:

بعد استعراض أثر اللعب في تنمية الجوانب المختلفة لدى الطفل؛ وبالذات الجانب الانفعالي والنفسي والعقلي والجسدي، فإننا يمكن أن نستفيد من تحديد أهم التطبيقات التربوية في هذا المجال بما يلي:-

- تحديد ألعاب ذات صلة في تنمية القدرات العقلية، وزيادة مستوى التفكير لديهم، ممثلاً ذلك بتدريب الاطفال على ذلك .

- ايجاد ألعاب يمكن للاطفال عن طريقها تنمية مشاعرهم، وتفريغ طاقاتهم الانفعالية.

- كما يمكننا استغلال بعض انواع من اللعب، بهدف تشخيص أهم المشكلات التي يعانون منها.

- إيجاد ألعاب الهدف منها تنمية القدرات والامكانيات الجسدية.

ويمكن أن يكون للعب أهمية من الناحية النفسية:

١- ضبط وتوجيه سلوك الطفل عن طريق المرشد.

٢- دعم النمـو الجسمي، العقلي، الاجتماعـي والانفعـالي المتكامـل المتوازن للطفل.

٣- تقوية الطفل جسميا.

٤- إشباع حاجات الطفل، كحاجته للعب التملك، السيطرة والاستقلال.

يتبع المرشد أحد الأسلوبين في الإرشاد باللعب:

١- اللعب الحر: الذي يترك فيه الحرية للطفل في اختيار اللعب.

٢- اللعب المتعدد: الذي يحدد فيه المرشد مسرح اللعب ويختار أدواته بما يتناسب مع عمر الطفل وخبرته، ومشكلة الطفل.

وبهذا يحتاج الإرشاد باللعب الى مرشد ذي شخصية، وقدرات تناسب التعامل مع الأطفال، كما يحتاج الى تدريب خاص.

الخلاصة

يحدث التوازن عند الطفل عن طريق اللعب، فكلمـا كـان اللعب بـه نوع من الانسجام كان به نوع من التفريغ الانفعالي، وكلمـا كـان يقـوم علـى نفس الروتين أدى ذلك الى الملـل وعـدم تفريغ الانفعالات، فإذا لم يستطع تفريغ انفعالاته وتوتراته أدى ذلك الى انحراف سلوكه.

ويؤدي اللعب دورا بناء في تنشئة الطفل اجتماعيا واتزانه عاطفيا وانفعاليا ويعتبر اللعب أداة تشخيص، فقد استخدمه علماء النفس لعلاج الانفعالات التي لا يمكن التخلص منها بالطرق المألوفة. فيلجأ المرشد الى اللعب كطريقة أساسية لضبط وتوجيه وتصحيح سلوك الطفل، ولدعم النمـو الجسمي والعقلي والاجتماعي والانفعالي المتوازن للطفل.

للعب دور أساسي في تحديد اتجاهات الطفل نحو مهنـة معينـة لا سيما أن لكل طفل نموذجاً يقلده ويحتذيه ويمارس سلوكه، ولذلك أشارت كثير من الدراسات

في مجال سيكولوجية اللعب إلى أن الأطفال يتخذون نموذجا وفقا لقدرات سيكولوجية ومعرفية للطفل ويؤثر ذلك بصورة أو بأخرى على سلوكه.

فالنموذج المقلد يكون له مواصفات وخصائص تجعل الطفل يقلد ذلك سواء أكان بصورة سلوكية تمثل الحركات والايحاءات والتصرفات أو المهنة التي يؤتي بها الطفل.

ولابد أن نأخذ بعين الاعتبار ان هناك بعض المتغيرات التي لها دور هام في تغير نمط السلوك واتجاهاته نحو الطبيعة للمهنة التي سيقوم بها في المستقبل، وتأكيداً على ذلك يمكن أن نوضح ذلك بالنموذج (١١-٢٢)

أثر اللعب في تنمية الجوانب المختلفة عند الأطفال

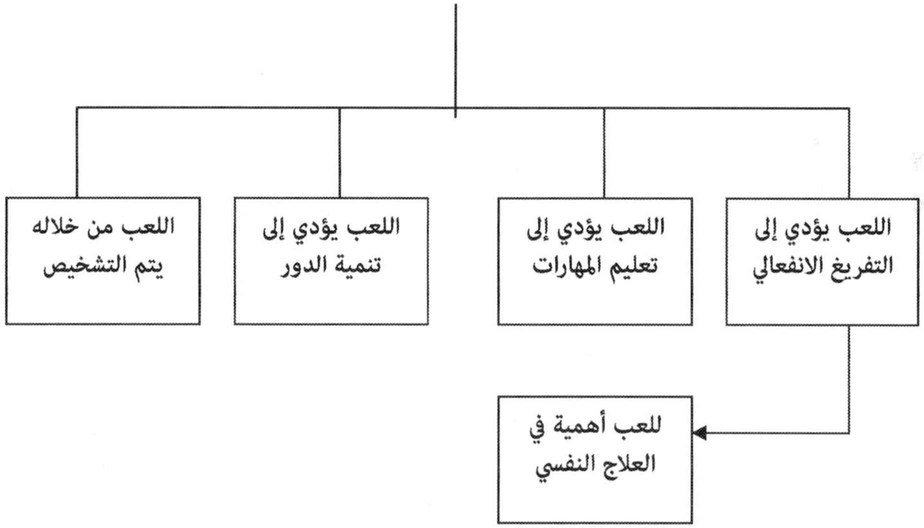

المصادر والمراجع

- بلقيس (أحمد): تطبيقات تربوية على التعلم المنفرد، (الجزء الرابع) عمان: معهد التربية أونروا، ١٩٨١.

- عبد الرحيم (محمد) وعارف مصلح (عدنان): رياض الاطفال، الطبعة الاولى، ١٩٨٠.

- Bruce Joyce: Models of Teaching , second Edition, New York, ١٩٨٦.

<table>
<tr><td>الوحدة الثانية عشرة</td><td>أهمية اللعب في حياة الطفل من الوجهة النفسية والتربوية</td></tr>
</table>

- تمهيد

- اللعب كأداة ترويض

- اللعب يؤدي إلى التعبير الايهامي والتعبير عن المشاعر

- وظائف اللعب الايهامي

- اللعب أداة تعلم واستكشاف لدى الطفل

- اللعب أداة تعويض وتعبير

- اللعب اداة تعبير

- التخيّل في اللعب كمظهر للنمو العقلي

- تغيّرات اللعب الوهمي بتغير السن

- أهمية اللعب في حياة الاطفال

- التطبيقات التربوية

- خلاصة

- المراجع

الوحدة الثانية عشرة
أهمية اللعب في حياة الطفل من الوجهة النفسية والتربوية

تمهيد

تكمن أهمية اللعب من الناحيتين النفسية والتربوية، فالأهمية النفسية تنبع من تفريغ الانفعالات لدى الطفل في حين تنبع الأهمية التربوية من تزايد مستوى معارفه وخبراته، وتتشكل شخصية الطفل في التفاعل النشط من خلال ما يقوم به من ألوان النشاط المختلفة في نطاق التفاعل مع البيئة المحيطة، حيث يكشف عن أهدافه ودوافعه، وتتكون لدى الطفل ميول وقدرات وخصال جديدة تعزز وتدعم معارفه وخبراته السابقة من خلال أدائه وأفعاله، ويشكل اللعب نشاطاً أساسياً لمراحل نماء الطفل فهو من الوجهة النفسية والتربوية، الأداة الرئيسة لدراسة الطفل ومعرفة شخصيته وما يواجهه من مشكلات وتنظيم تعلم الطفل وترويضه والتعبير عن ذاته وعن ما يقاسيه من حرمان وكبت.

وينطوي اللعب الذي يمارسه الطفل في مراحل نمائه المختلفة على أشكال مختلفة من النشاط واللعب تكون على النحو التالي: ألعاب حركية- ألعاب تعليمية- ألعاب تمثيلية- ألعاب تركيبية، ويمثل اللعب بالأدوار (الألعاب الابداعية) مكانة خاصة في نمو الأطفال (٧-١٢)، فهو يشكل نمطا من اللعب النشط المسيطر في طفولة ما قبل المدرسة وفي المرحلة الابتدائية، ويعد اللعب أثناء الطفولة وسيطا تربويا يعمل على تشكيل المرحلة التكوينية الحاسمة من النمو الانساني، ويتشكل لدى كل طفل نزعة لمشاركة الكبار، حيث تتفتح أمام الطفل أبعاد العلاقات الاجتماعية القائمة بالفعل بين الناس، ويتعلم منه اللعب الجماعي والتنظيم الذاتي،

خضوعا للجماعة وتنسيقا لسلوكه مع الأدوار المتبادلة فيها، ويمكن استخدام اللعب في تنظيم الخبرات التعلمية والتعليمية باعتباره، يمتاز بالخصائص التالية:-

١- أداة ترويض للطفل

٢- تعلم واستكشاف

٣- تعويض

٤- تعبير

من خلال عرض ما سبق تكمن الاهمية التربوية من تزايد مستوى معارفه وخبراته، حيث يحصل الطفل على دلالات تربوية تساعده في المجال العقلي كأن يقدر على الملاحظة والدقة والاحتكاك واكتشاف خصائص المواد المستخدمة، والمجال الوجداني والاجتماعي؛ كأن يقدر على اكتشاف قدراته الذاتية واحترام الرفاق والتعاون معهم وتقبل الهزيمة والنصر ـ واحترام القوانين، وكذلك المجال الحس حركي كأن يكتسب مهارات حركية مثل إلقاء الكرة وتصويبها (١) وتتشكل شخصية الطفل في التفاعل النشط من خلال ما يقوم به من ألوان النشاط المختلفة في نطاق التفاعل مع البيئة المحيطة، حيث يكشف عن أهدافه ودوافعه وتتكون لدى الطفل ميول وقدرات وخصال جديدة تعزز وتدعم معارفه وخبراته السابقة من خلال أدائه وأفعاله، ويشكل اللعب نشاطا أساسيا لمراحل نماء الطفل، فهو من الواجهة النفسية والتربوية، الأداة الرئيسة لدراسة الطفل.

اللعب كأداة ترويض

أظهرت الدراسات التي أجريت حول نماء الأطفال أن نمو العضلات ومهارات الجسم الحركية ونمو الحواس المختلفة تلعب دورا مهما في عملية تطوير الطفل ونمائه، وأثبتت الدراسات أيضا أن اللعب بأشكاله وأنواعه يعتبر عنصرا مهما لنمو العضلات وتطويرها، وتؤدي الألعاب الوظيفية (الحس حركية) نتائج

---

(١) عفاف اللبابيدي والخلايلة، سيكولوجية اللعب، ص ١٣٥.

أفضل بكثير من الدروس الرياضية التقليدية، فالجري والقفز والحركات الايقاعية كلها تروض جسم الطفل، وتشكل عاملا تطوريا ضرورياً لأعضاء الجسم المكتملة النضوج أو تلك غير المكتملة، فالألعاب الحس حركية هي التي تروض جسم الطفل وعملية الترويض هذه تكون مرادفة لعملية التطوير، ويكون الفرق بين الاتزان والثبات النسبي في التوافق في اللعبة، ففي الثبات النسبي تأخذ صفة الاستمرارية لوقت غير قصير لكنه يأخذ شكل الاستمتاع والتكيف والانسجام، وهكذا يتم الترويض بأن يقبل الطفل دوره من خلال التدريب والممارسة والتكرار؛ بحيث يصبح لديه ميول هذا الدور.

إن الألعاب الوظيفية الحس حركية هي التي تروض جسم الطفل وعملية الترويض هذه تكون مرادفة لعملية التطوير ويبدأ اللعب (الحس حركي) منذ الولادة بشكل بسيط، ثم يتكون من حركات عشوائية خلال العامين الأولين، ويتطور نشاط اللعب لديه بتطور النمو المعرفي، حيث تصبح أكثر الألعاب الرياضية قائمة على قواعد وأنظمة محدودة. وفي الطفولة المتأخرة (١١-١٢) سنة تتصف الحركات الحس حركية بالاتزان وتتميز بمعالم معينة من النضوج كالرشاقة والقوة والحيوية والحركات الهادفة وتعلم المهارات الحركية المختلفة، إن حقائق النمو الجسدي والحركي تنطوي على مغزى تربوي عظيم، ذلك ان هذه المرحلة هي مرحلة ثبات نسبي من الناحية الفسيولوجية، أي أن عملية الهدم والبناء تكون فيها أكثر هدوءاً وتجري بمعدل أقل، مقارنة بمعدل النمو في مرحلة المراهقة التي تليها، إلا أنها تعتبر المرحلة الحساسة من النمو للتعلم الحركي المنظم والفترة المثلى للتمكن من الألعاب الرياضية الحركية، وهكذا يتطلب الاهتمام بالألعاب الرياضية والحركة أن اللعب يؤدي دورا مهما في بناء شخصية الطفل من الناحية الجسدية والفسيولوجية وتتمة عضلاته بشكل سليم وترويض كل أعضاء الجسم بشكل فاعل وتخليص الفرد من الطاقة الفائضة التي إذا بقيت عند الطفل فإنها تزيد من توتره العصبي وتجعله غير مستقر.

كما أظهرت الدراسات التي أجريت حول نماء الأطفال أن نمو العضلات ومهارات نمو الحواس المختلفة تلعب دورا مهما في عملية تطوير الطفل ونمائه، وأثبتت الدراسات أيضا أن اللعب بأشكاله وأنواعه يعتبر عنصرا مهما لنمو العضلات وتطويرها [١] وتؤدي الألعاب الوظيفية (الحس حركية) نتائج أفضل بكثير من الدروس الرياضية التقليدية.

فالجري والقفز والوثب والزحف والمشي- والحركات الايقاعية كلها تروض جسم الطفل [٢]، وتشكل عاملاً تطورياً هاماً لأعضاء الجسم المكتملة النضوج أو تلك غير المكتملة، فالألعاب الحس حركية هي التي تروض جسم الطفل وتعد من أنشطة الاحماء لديه، وعملية الترويض هذه تكون مرادفة لعملية التطوير، ويكون الفرق بين الاتزان والثبات النسبي في التوافق في اللعبة [٣] ففي الثبات النسبي تأخذ صفة الاستمرارية لوقت غير قصير لكنه يأخذ شكل الاستمتاع والتكيف والانسجام، وهكذا يتم الترويض بأن يقبل الطفل دوره من خلال التدريب والممارسة والتكرار بحيث يصبح لديه ميول لهذا الدور.

اللعب يؤدي إلى التعبير الايهامي والتعبير عن المشاعر

١- إن اللعب الايهامي يهيئ فرصة للطفل للتحرر من الواقع المليء بالالتزامات والقيود والأوامر والنواهي لكي يعيش أحداثاً كان يرغب في ان تحدث له ولكنها لم تحدث او يعدل من أحداث وقعت له بشكل معين وكان يرغب في أن تحدث له بشكل آخر.

٢- كما يهيئ اللعب فرصة للطفل كي يتخلص ولو وقتياً من الصراعات التي يعانيها وان يتخفف من حدة التوتر والاحباط التي ينوء بها.

---

(١) أحمد بلقيس، سيكولوجية اللعب، ص ١٠١.

(٢) علبة محروم، التعبير الحركي، ص ٥-٧.

(٣) مرعي وبلقيس، م.س.، ص ١٠٣.

ويرتبط هذا الاتجاه في تفسير اللعب بنظرية التحليل النفسي، ومنها انبثق استخدام اللعب كأداة للتشخيص والعلاج لمشكلات الاطفال، وذلك لأن اللعب وخاصة الايهامي يقدم للاخصائي فرصة آمنة للكشف عن الصراعات الانفعالية.

وهناك أنواع من اختبارات الشخصية تسمى الاختبارات الاسقاطية تستخدم التخيل واللعب.

مثال: يعطي الشخص بقعاً من الحبر وصوراً غير واضحة ويطلب اليه تفسيرها او تكوين حكاية عنها بأية طريقة، ولما كانت مثل هذه المادة الغامضة تتزود بالحد الادنى من المعلومات فإنتاج الفرد سيكون انعكاساً لاهتماماته العاطفية.

وظائف اللعب الايهامي

١- اللعب الايهامي نوع من الاستطلاع وقد يندفع الطفل داخل المنزل مدعياً الخوف من الدببة التي تطارده وكل هذا يدل على أن الطفل يستطلع مشاعره وعواطفه بنفس الطريقة التي يستطلع بها المدركات الحسية التي تحدث في العالم الخارجي.

٢- قد يكون اللعب الايهامي ليخفف من وطأة الانفعالات الشديدة التي قد افزعت الطفل.

٣- هناك نوع من اللعب الايهامي يستفز الطفل بوضوح بدلاً من تهدئة هياجه، كأن ينتهي اللعب بالضحك الشديد او العدوان.

٤- هناك عدة أمثلة للعب يجب أن توصف بأنها مدفوعة الرغبة او تعويضية.

٥- هناك ألعاب يظهر أن الطفل يخيل لنفسه بصورة ملموسة تعبيراً او فعلاً مميز نوعا ما.

٦- قدر كبير من اللعب الايهامي يعد تكراراً لشيء ما مر به الطفل والاكثر شيوعاً هي الالعاب التي تمثل بيوت، أسر، حوادث.

٧- قد يحدث اللعب الايهامي لتثبيت ذكرى مبهمة او تغيير حدث يجعله مبهما لنفسه في الخيال.

وتشير الدراسات في مجال سيكولوجية اللعب، أن للعب أهمية في حياة الطفل ويتمثل في النقاط التالية: -

١- أن اللعب الذي يمارسه الطفل في مختلف مراحل نمائه ينطوي على أشكال مختلفة من نشاط اللعب كالألعاب الحركية والتعليمية والتمثيلية والتركيبية.

٢- يشكل اللعب مدخلاً اساسياً لنمو الطفل عقلياً ومعرفياً واجتماعياً وانفعالياً.

٣- يعتبر اللعب أداة ترويض وتعليم واستكشاف وتعويض وتعبير.

٤- إنه عملية ترويض وتهذيب لأهل الطفل لأن يكون اجتماعيا نشيطا.

٥- يمثل اللعب جانبا هاما من جوانب النمو المعرفي كمعرفة قواعد اللعبة والمجال الاجتماعي، مثل عقد الصداقات الاجتماعية والمجال الوجداني مثل تعلم التعاون والايثار والاخذ والعطاء والمجال النفس -حركي مثل حركة اليدين والارجل والاصابع.

٦- ان الطفل يستكشف باللعب العالم المحيط به ويستكشف ذاته فيتعلم.

٧- يتعلم الطفل من خلال اللعب الملاحظة والاختيار والتجريب.

٨- اللعب أداة تعويض أي أن الطفل يقوم بتحقيق عملية علاجية هامة من خلال ألوان النشاط فيتخلف بواسطة اللعب عن رغباته المكبوتة ونزعاته العدوانية.

٩- يشكل اللعب لغة عالمية تجمع أطفال العالم على اختلاف أصولهم ومنابتهم وجنسياتهم ولغاتهم.

١٠- اللعب الخيالي يبلغ ذروته ما بين الشهر والسنة السابعة من العمر.

١١- اللعب الايهامي يؤدي دوراً كبيراً في النمو المعرفي والانفعالي والاجتماعي ولكنه أكثر اهمية من الناحية الاجتماعية.

١٢- اللعب الايهامي يعطي فرصة للطفل لأن يتصرف بها بحرية دون التقيد بقوانين اللعب.

١٣- وظائف الايهام لا يقوم وحدها بالعمل كتعويض او تعبير المشاعر بل انها تتأثر ايضا بالتدريب والمصادقة والعلاقة الاجتماعية.

كما يمكن القول بأن اللعب الايهامي يتطور حسب السنوات؛ ويوضح ذلك الجدول رقم (١٢-٤) :

مراحل تطور اللعب الإيهامي

العمر	تطور اللعب الايهامي	مظاهر اللعب الإيهامي
سنة ونصف	١- اكتمل لديه مفهوم دوام الشيء. ٢- يستطيع التعامل مع رموز الاشياء بدلا من الأشياء ذاتها. ٣- اللعب الايهامي يمثل حركات بسيطة.	يأكل من ملعقة فارغة.
السنة الثانية	١- يبدأ اللعب الإيهامي في التطور في اتجاه اكثر تعقيدا. ٢- يستغني عن وجود اللعب المشابهة للأشياء الحقيقية. ٣- التطور هنا يتضمن الرمز لعدة عمليات معا.	يستخدم العصا بدلا من الحصان لكي يتظاهر بركوب الحصان.
بين الثالثة والرابعة بين الخامسة والسادسة	١- يبدأ الأدوار أو اللعب التمثيلي. ٢- يصبح اللعب أنساقا معقدة من الأفعال أو الأدوار المتبادلة بين الطفل ورفاقه وإبداعا عبقريا للمواد التمثيلية.	تمثيل دور بابا نويل. مثل عريس وعروس.

من خلال عرض ما سبق، يمكن القول إن معرفة شخصية الطفل وما يواجهه من مشكلات وتنظم تعلم الطفل وتروضه، والتعبير عن ذاته، وعن ما يقاسيه من حرمان وكبت.

وينطوي اللعب الذي يمارسه الطفل في مراحل نمائه المختلفة على أشكال مختلفة من النشاط واللعب تكون على النحو التالي:

ألعاب حركية: مثل التهديف على السلة، والقفز على الحصان الخشبي.

ألعاب تعليمية: مثل تعلم الأرقام والحساب، وتعلم أسماء الحيوانات والألوان.
ألعاب تمثيلية: مثل اللعب بالدور كأن يتجمع اثنين أو ثلاثة من الأطفال لممارسة اللعب الجماعي وتقسيم الدور الإيهامي التخيلي على كل منهم (تمثيل الأدوار) بعد أن يتقمص كل طفل شخصية الكبار وأنماط سلوكهم.
ألعاب تركيبية: كتركيب المكعبات واللوحات.

ويمثل اللعب بالأدوار (الألعاب الابداعية) مكانة خاصة في نمو الأطفال (٧-١٢) فهو يشكل نمطا من اللعب النشط المسيطر في طفولة ما قبل المدرسة وفي المرحلة الابتدائية ويعد اللعب أثناء الطفولة وسيطا تربويا يعمل على تشكيل المرحلة التكوينية الحاسمة من النمو الانساني [(١)]، ويتشكل لدى كل طفل نزعة لمشاركة الكبار، حيث تتفتح أمام الطفل أبعاد العلاقات الاجتماعية القائمة بالفعل بين الناس، ويتعلم منه اللعب الجماعي [(٢)] الذي يتعلم فيه الطفل تجربة اجتماعية حية يتلقى من خلالها دروسا قيمة عديدة في تكييف نفسه لمطالب المجموعة مما يؤهله الى تكييف نفسه مستقبلا الى مطالب المجتمع ذلك أنه ينمو ويتأصل لديه الاعتماد على نفسه واستعداده للابتكار والقيادة [(٣)]، والتنظيم الذاتي حيث يكرر الطفل ويمارس تلقائيا كل مهارة جديدة عند ظهورها [(٤)] خضوعا للجماعة وتنسيقا لسلوكه مع الأدوار المتبادلة فيها، ويمكن استخدام اللعب في تنظيم الخبرات التعلمية والتعليمية باعتباره:
أداة ترويض الطفل- تعلم واستكشاف - تعويض - تعبير

(١) توفيق مرعي واحمد بلقيس، الميسّر في سيكولوجية اللعب، ص ٩٩.
(٢) موسوعة عالم ألف ليلة وليلة، دليل ألعاب البيت، ص ١٦.
(٣) عبله محروم، التعبير الحركي، ص ٤.
(٤) عفاف اللبابيدي والخلايلة، سيكولوجية اللعب، ص ٦٥.

اللعب أداة ترويض

إن الألعاب الوظيفية الحس حركية هي التي تـروض جسـم الطفـل، وعملية الترويض هذه تكون مرادفة لعملية التطوير، ويبـدأ اللعب (الحس حركي) منذ الولادة بشكل بسيط، ثـم يتكـون مـن حركـات عشوائية خـلال العامين الأولين، ويتطور نشاط اللعب لديه بتطور النمو المعرفي حيث تصبح اكثر الألعاب الرياضية قائمـة عـلى قواعد وانظمـة محـدودة، وفي الطفولة المتأخرة (١١-١٢) سنة تتصف الحركات الحس حركية بالاتزان وتتميـز بمعـالم معينة مـن النضوج كالرشاقة والقـوة والحيويـة والحركـات الهادفـة وتعلـم المهارات الحركية المختلفة. [(١)]

إن حقائق النمو الجسدي والحركي تنطوي على مغزى تربـوي عظيم، ذلك أن هذه المرحلة هي مرحلة ثبات نسبي من الناحيـة الفسيولوجية، أي أن عملية الهدم والبناء تكون فيها أكثر هـدوءاً وتجـري بمعـدل أقـل مقارنـة بمعدل النمو في مرحلة المرهقة التي تليها، إلا أنها تعتـبر المرحلـة الحساسـة من النمو للتعلم الحركي المنظم والفترة المثلى للتمكن من الألعاب الرياضية الحركية، وهكذا يتطلب الاهتمام بالألعاب الرياضية والحركيـة، لأن اللعـب يؤدي دوراً مهماً في بناء شخصية الطفل من الناحية الجسدية والفسيولوجية، وتتمـة عضلاتـه بشكل سـليم وترويض كـل اعضـاء الجسـم بشكل فاعـل وتخليص الفرد من الطاقة الفائضة التي اذا لم تخرج فإنها توتر الطفل عصبياً وتجعله غير مستقر. [(٢)]

اللعب أداة تعلم واستكشاف لدى الطفل

الأداة: هي وسيلة أو الأسلوب للوصول الى الشيء إن للعب أهمية تأثير كبير على حياة الطفل، تظهر في شخصيته وتـؤثر عليـه إمـا سـلباً أو ايجابـا وإن لم تؤثر عليه في الصغر فستؤثر عليه في الكبر.

---

(١) مرعي وبلقيس، سيكولوجية اللعب، ص ١٠٤.

(٢) مرعي وبلقيس، سيكولوجية اللعب، ص ١٠٤.

ومن هذه التأثيرات أن الطفل يتعلم ويستكشف أثناء اللعب، ومن أثر الاستكشاف فإنه سيكون قد تعلم أشياء واكتشف اكثر، والمواءمة عامل مهم لحدوث التعلم وتعني مدى التوافق والانسجام بين التعلم والاستكشاف فالتعلم يركز بصورة مباشرة على الاستكشاف.

أولاً: تستعرض اللعب كأداة استكشاف وتعلم على جانبين بالنسبة للمعلم فإنه يستكشف:

- الحالة النفسية للأطفال
- تحديد مرحلة النمو للطفل
- تعتبر أحسن طريقة لتوجيه وتنظيم الطفل.
- أداة للتعرف على نموهم العقلي حيث تعاملهم مع اللعبة.
- أداة لقياس قدراتهم النفسية على تحمل العمل وقدراتهم الحركية في اللعب،.

كونه أداة استكشاف: يستكشف الطفل العالم من حوله كما يستكشف الآخرين وكيفية التعامل معهم.

كونه أداة تعلم: يتعرف على الألوان والأشكال ويميز خصائصها المشتركة.

نستنتج مما سبق أن عملية التعلم والاستكشاف عمليتان متلازمتان ولا يحدثان اذا لم يتفاعل الطفل مع بيئته والأشخاص تتكون لديه المفاهيم وينمو اجتماعياً. ومن العلماء الذينأكدوا على التفاعل الاجتماعي العالم المعرفي (بياجيه) وربط التفاعل والتعلم ولكي يحدث ذلك لابد من الطمأنينة والحرية، وذلك لتحصيل عملية التمثل والملائمة وهما أساسيتان في عملية التكيف.

تلخيص: يعد اللعب من المظاهر العامة في حياة الطفل ولا سيما أن له دلائل واضحة نكتشف من خلالها قدرات الطلبة وإمكانياتهم المعرفية والنفسية والانفعالية والاجتماعية، ولذلك فإن اللعب يعتبر أداة اكتشاف من خلالها يكون لدينا إلمام بحياة الطفل وشخصيته ويمكن التعرف على أهم المشكلات التي يعاني منها وهذا لا يتم الا اذا مارس الطفل اللعب بصورة تلقائية عرضية فهذا الموقف يكون مؤشرا

نستدل من خلاله على المشكلات الكامنة لديه بحيث يمكننا من وضع خطة علاجية متكاملة وتشير بعض الدراسات الى أن اللعب يعتبر علاجاً لبعض المشكلات النفسية التي تتعلق بشخصية الطفل ممثلاً ذلك في الاكتئاب والانطواء والقلق والخوف، ولذلك نجد أن اللعب يكون بمثابة دراسة الحالة بتبيان الأسباب والمسببات التي تظهر، ولهذا يعد اللعب أداة علمية موضوعية تحد من خلالها أهم المشكلات النفسية والاجتماعية التي تنعكس من خلاله.

اللعب أداة تعويض وتعبير

للعب وظائف عدة ترويضية وتعليمية تعويضية وتعبيرية وسنتطرق الى الوظيفة التعويضية والتعبيرية للعب.

أولاً: اللعب أداة تعويض

للعب دور وظيفي يكمن في تهيئة الأطفال لتكيفهم مع الجماعة التي ينتمون إليها وتعاونهم معها من جانب، ومن جانب آخر التخلص من المشكلات النفسية التي يعانون منها وخير مثال على ذلك:

أن الطفل الذي لا يجد أطفالاً آخرين يلعب معهم أو يتبادل الحديث معهم يلجأ الى اللعب مع الدمى المتوفرة لديه فيكلمها ويتبادل الأدوار معها في محاولة لتعويض ما يعانيه من نقص وحرمان.

إن الطفل بحاجة إلى التخفف من المخاوف والتوترات البيئية وبحاجة الى تعويض النقص والحرمان سواء أكان حرماناً عاطفيا أو ماديا أو تعبيريا، فيلجأ الى اللعب ليستعيد توازناً فقده جراء التوتر والحرمان، ومن خلال اللعب يتمكن الطفل من تنفيذ الكثير من الأمور التي تساعده على كل المشكلات فهو بذلك يحقق عملية علاجية من خلال اللعب فيتخلص من رغباته المكبوتة واتجاهاته السلبية.

بالإضافة إلى وظيفة اللعب في مجال التعويض فإن هنالك وظيفة أخرى له فهو يعتبر مدخلا لدراسة الأطفال وتحليل شخصياتهم وتشخيص ما يعنون من مشكلات انفعالية مثل الأمراض النفسية.

ومن أفضل أدوات التعويض عند الأطفال اللعب الإيهامي وتمثيل الأدوار الوهمية وهي من أدوات الكشف عن الأمراض الانفعالية التي يعانيها الأطفال.

اللعب أداة تعبير:

يشكل اللعب أداة تعبيرية تفوق اللغة والكلام للأسباب التالية:

١- باللعب يمكن التواصل بين أطفال يختلفون في الثقافة والقومية واللغة.

٢- باللعب يمكن التواصل بين الكبار والصغار.

٣- باللعب يستطيع الكبار اكتشاف مشكلات الاطفال.

٤- باللعب يستطيع الكبار التعرف على ميول الأطفال.

وهناك صفات يتفوق فيها اللعب على اللغة والكلام وهي:

١- يستطيع الطفل أن يعبر من خلال اللعب عن أفكاره وطاقاته.

٢- يستطيع أن يجرب ما سبق أن تعلمه من مهارات.

٣- يستطيع أن يطور خياله وقدراته.

وهناك أنواع من الألعاب لها قدرة تعبيرية خاصة مثل الرسم والزخرفة والتصوير والنحت، وهي من ألوان اللعب التعبيري الجمالي، ومن خلال اللعب يعبر الأطفال في رسومهم عن موضوعات مختلفة تخضع للتغيير من مرحلة نمائية إلى أخرى كما يعبر من خلالها عن فرحه وغضبه وانحرافاته ونمط التربية والبيئة المادية والثقافية التي يعيشها.

وبعد أن استعرضنا الوظائف النفسية والتربوية للعب يجب أن نأخذ بالحسبان عند اختيار العاب الأطفال أن تكون:

١- من ألوان براقة وأوزان خفيفة وملامس مختلفة.

٢- من نوع يمكن غسله وتنظيفه.

٣- من أحجام لا يمكن ابتلاعها ولا تكون حادة.

٤- يجب أن تتناسب مع أعمار الأطفال.

٥- أن تكن بمستوى الطفل العمري حتى لا تسبب له الاضطراب الانفعالي.

٦- ان تكون رخيصة الثمن حتى يستطيع أن يلعب بها كما يشاء.

٧- ان تكون من نوع يرغّب الأطفال في سلوك الكبار.

التخيّل كمظهر للنمو العقلي

اللعب التخيّلي أو الإيهامي: فيه يتعامل الطفل من خلال اللغة والسلوك مع المواد أو المواقف كما لو أنها تحمل خصائص أكثر مما هي في الواقع.

اللعب الإيهامي عند بياجية هو التحول من النشاط الوظيفي العملي إلى النشاط التصوري أي من الأفعال إلى الأفكار.

الألعاب الخيالية تتأثر بناحيتين:

١- قدرات الأطفال الذكائية.

٢- الظروف الاجتماعية السياسية الاقتصادية.

تشير بعض النظريات إلى أن الألعاب الإيهامية عند الأطفال الأكثر ذكاء تكون مختلفة عنها عند الأقل ذكاء.

تغيرات اللعب الوهمي بتغير السن:

١- التعبير بالرموز ينشأ مما يفعله الطفل بالأشياء وتكرار الأفعال.

٢- الأفعال عند الأطفال تتصف بالتعميم.

٣- تتحول الحوادث الفردية إلى مناظر كاملة فيما بعد.

٤- تقتصر الأشياء الوهمية على الأشياء الحقيقية غير الموجودة واتخاذ زملاء وهميين أيضاً.

٥- تحسن يحدث للطفل في عملية التمييز بين الحقيقة والادعاء كلما كبروا.

٦- اللعب الإيهامي هو مرآة للثقافة السائدة ويعكس روح العصر الذي ينمو الطفل فيه.

اللعب الإيهامي يؤدي دوراً كبيراً في النمو المعرفي/ الانفعالي/ الاجتماعي وخاصة في المعرفي ذلك التعبير الرمزي، والتعبير الرمزي هو تحويل البيئة الطبيعية المباشرة إلى رموز.

وتعد المظاهر التالية كأشكال اللعب التخيلي الإيهامي:

١- الموضوعات المنزلية كبناء منزل، الطبخ، تناول الطعام، عمل حفلة شاي، رعاية الصغار أو أن يعملوا كآباء وأمهات أو كعريس وعروس.

٢- البيع والشراء.

٣- الأنشطة المتصلة بالمواصلات مثل ركوب سيارة أو قطار أو ان يكون الطفل مهندساً أو بحاراً في سفينة أو طياراً يحلق بالطائرة.

٤- توقيع العقاب، كأن يلعب رجل شرطة يوقع العقاب على المخالفين.

٥- إشعال الحرائق واللعب كرجل إطفاء.

٦- القتل والموت.

٧- لعب أدوار أشخاص خياليين كشخصية سندريلا.

هناك أنواع من الاختبارات الاسقاطية تستخدم اللعب التخيّلي واللعب حيث يعطي الشخص بقعا من الحبر وصورا غير واضحة او مجموعات من الدمى ويطلب اليه تفسيرها أو تكوين حكاية منها بأي طريقة يريدها.

الاختبارات الاسقاطية قد استخدمها السيكولوجيون أصحاب مدرسة نظرية التعلم، حيث سلم هؤلاء بأن اللعب والتخيل عينات من السلوك الذي يعكس استجابات الفرد العامة التي تعلمها.

أهمية اللعب في حياة الأطفال

من الطبيعي أن يكون لدينا اطفال متعددي الامزجة، حيث يكمن التعرف على أمزجتهم من خلال اتصالنا بهم، ويمكنهم التعبير عن أنفسهم بطرق عديدة، ويكون ذلك عندما يحاولون إثبات ذواتهم والتخلص من توترهم النفسي۔ ومن خلال ذلك يظهرون أمزجتهم، حيث يقدمونها في الأحداث والحركات التي يقومون بها سواء أكان ذلك من خلال الروتين أو القيام بأداء لعبة معينة أو باللعب بشكل عام. ونحن يمكن أن نكتشفهم فمن الكتابة والرسم والحركات العشوائية والنشاطات التي يقومون بها، ونحلل نفسيتهم فالأطفال من خلال ملاحظتهم للأشخاص الكبار يستطيعون أن يحللوا حركاتهم ونشاطهم وتقليدها دون أي كلام بل بالحركات.

الممثلون على مسرح الأطفال أقرب إلى الجميع من الكبار فمثلا إذا قاموا بالبناء للأطفال على المسرح يعتبر شيئا كبيراً بالنسبة للكشف عن نفسيتهم، فالبيت المبني يعبر عن مودة الأم للبيت والبحث عن الأماني او البحث عن مواطن القوة والاستقرار في البيت المهدوم للعائلة المفككة.

وللعب أهمية في المجالات الانفعالية حسب تقسيم (بلوم) كما أن له أهمية في المجال الادراكي، وبالنسبة لهذا المجال فإن اللعب يحتاج إلى إدراك قوانينه وأنظمته البسيطة والمعقدة وتطبيقها وقدرة الأطفال على التحليل والتركيب، وتعتبر الألعاب التعليمية مجتمعا مصغرا يتعلم الطفل من خلاله الأخلاق والقوانين والعلاقات الاجتماعية.

الجانب الانفعالي للتعلم:

ينمو الطفل وجدانيا ويؤدي اللعب إلى الاتزان العاطفي من خلال تفريغ الانفعالات ويؤدي الى التعاون والإيثار والاحترام ويكتسب الاتجاهات الاجتماعية من خلال توجيه الكبار.

المجال النفس- حركي:

يكتسب الطفل الكثير من المهارات الحركية والجسدية والتعامل مع الألعاب وحركة اليدين والرجلين.

التطبيقات التربوية

يشكل اللعب في حياة الطفل أهمية بالغة خاصة في كونه ينمي عـدة مجالات متعددة، كاللعب الايهامي الذي يؤدي إلى زيادة الخيال القائم عـلى زيادة مستوى التفكير، وهذا يعد له أهمية في ذلك، كما أن للعب أهميـة في زيادة مسـتوى الاكتشـاف، بالاضـافة إلى أنه يـؤدي إلى التعـويض، كـما يعـد مظهراً من مظاهر النمو العقلي، بالاضافة إلى ذلك يؤدي إلى تشكيل الأنظمة والقوانين لدى الاطفال. وعلى تفعيل ذلك عن طريق النقاط التالية:

- تشكيل القوانين والأنظمة في اللعب التي تساعد الطفل على تعلم ضبط النفس.
- تحديد أهمية العقلية في تأثيرها على زيادة مستوى المعرفي.
- تطبيق ألعاب تؤدي إلى عملية التفريغ الانفعالي لدى الطفل.
- تحديد ألعاب تؤدي إلى التعبير عن المشاعر.

خلاصة

من خلال عرض ما سبق، فإننا نلمس أهمية اللعب في حياة الطفل مـن خلال النقاط التالية:

١- أن اللعب الذي يمارسه الطفل في مختلف مراحل نموه ينطوي على أشكال مختلفـة مـن نشـاط اللعـب كالألعـاب الحركيـة والتعليميـة والتمثيليـة والتركيبية.

٢- يشكل اللعب مدخلا أساسيا لنمو الطفل عقلياً ومعرفياً واجتماعياً وانفعالياً.

٣- يعتبر اللعب أداة ترويض، تعليم، استكشاف، تعويض، وأخيرا تعبير.

٤- عملية ترويض هي عملية تهذيب، وأن اللعب من خلالها يستطيع الطفل أن يتعلم الدور الاجتماعي حتى لو كان فوضوياً.

٥- أن الطفل يستكشف باللعب العالم المحيط به ويستكشف ذاته فيتعلم.
٦- كما أن للعب أثر في المجال المعرفي مثل معرفة قواعد اللعبة والمجال الاجتماعي مثل عقد الصداقات الاجتماعية والمجال الوجداني مثل تعلم التعاون والإيثار والأخذ والعطاء والمجال النفس -حركي مثل حركة اليدين والأرجل والأصابع.
٧- يتعلم الطفل من خلال اللعب الملاحظة والاختيار التجريب.
٨- اللعب أداة تعويض؛ أي أن الطفل يقوم بتحقيق عملية علاجية هامة من خلال ألوان نشاط اللعب فيتخلص من رغباته المكبوتة ونزعاته العدوانية ومؤثراته واتجاهاته السلبية.
٩- اللعب كأداة للتعبير والدليل على ذلك باللعب يمكن التواصل بين أطفال مختلفين في الثقافة والقومية واللغة، وأيضا يمكن الاتصال بين الأطفال والكبار.
١٠- اللعب الإيهامي يبلغ ذروته ما بين ١٨ شهر والسنة السابعة من العمر.
١١- اللعب الإيهامي يؤدي دوراً كبيراً في النمو المعرفي الانفعالي والاجتماعي.
١٢- اللعب الإيهامي يعطي فرصة للطفل لأن يتصرف بحرية دون التقيد بقوانين الواقع.
١٣- وظائف الإيهام لا تقوم وحدها بالعمل كتعويض او تعبير المشاعر بل انها تتأثر ايضا بالتدريب والمصادفة والعلاقة الاجتماعية.

ويمكن توضيح ذلك في النموذج رقم (١٢-٢٣)

أهمية اللعب في حياة الطفل

اللعب كأداة ترويض

اللعب يؤدي إلى التعبير الايهامي

وظائف اللعب الايهامي

اللعب أداة تعلم واكتشاف

اللعب اداة تعويض وتعبير

التخيل في اللعب كمظهر لنمو العقل

تغيرات اللعب الوهمي

أهمية اللعب في حياة الاطفال

التطبيقات التربوية

المصادر والمراجع

- توفيق، مرعي وبلقيس، أحمد، الميسر في سيكولوجية اللعب، دار الفرقان، عمان، الأردن، ١٩٨٢م.

- اللبابيدي، عفاف والخلايلة عبد الكريم، سيكولوجية اللعب، دار الفكر للنشر والتوزيع، عمان، الأردن، ١٩٩٠م.

- مؤسسة ألف ليلة وليلة، دليل ألعاب البيت، دار ومكتبة الهلال، ط١، بيروت، ١٩٩١م.

- ميلر، سوزانا، سيكولوجية اللعب، ترجمة رمزي حليم، الهيئة المصرية العامة للكتاب، القاهرة، ١٩٧٤م.

- محرم (عبلة): التعبير الحركي، الطبعة الأولى، القاهرة، ١٩٧٢.

- موسوعة عالم الف ليلة وليلة، دليل ألعاب البيت ١٩٦٢.

- The Psychoanaky ticstady of the Chilled Ed. By, Anna Rraued and the Others, ١٩٨٣.

الوحدة الثالثة عشرة

نماذج من الألعاب ومواد اللعب

- تمهيد
- الألعاب الداخلية والخارجية
- نماذج من الألعاب ومواد اللعب وقيمه التربوية:
  ألعاب عقلية
  ألعاب اجتماعية
- نماذج من الألعاب الشعبية في الأردن وقيمتها التربوية
- نماذج من الألعاب الحركية
- نماذج من الألعاب الإلهامية
- نماذج من الألعاب الترويحية
- نماذج من الألعاب الثقافية
- التطبيقات التربوية
- خلاصة
- المراجع

الوحدة الثالثة عشرة
نماذج من الالعاب ومواد اللعب

تمهيد

سنتطرق في هذا الفصل إلى الحديث عن نماذج مـن الألعـاب ومـواد اللعب وقيمها التربوية وما تؤديه مـن فائـدة للطفـل وتعلـم قيـم تربويـة ونفسية وحركية. وتفيد في تعلم أنماط تفكير رياضية وتعلم الأعداد.

ويستفاد منها من ناحية تعليمية حيث يتعلم الطفل أشياء كثيرة من حوله مثل الألوان والأحجام والأشكال وكذلك تعيد في تصنيف المفاهيم في كل من اللغة والرياضيات وتسهيل استراتيجيات التعلم، والقضاء على الروتين والملل لدى الأطفال وكذلك تعمل على زيادة دافعية التعلم لدى الأغلبية وزيادة التغذية الراجعة لدى المتعلم، وزيادة تحسين أداء الطلبة.

وسنعرض في هـذا الفصـل نمـاذج مـن الألعـاب الشـعبية مثـل لعبـة الشرطي واللصوص. لعبة الصياد والسمك التي يمارسها الأطفـال في السـاحات العامة. وما لها من قيم تربوية وحس-حركية وما تعكسه في الجمال الفعلي والوجـداني ويسـتفيد الطفـل في زيـادة علاقاتـه الاجتماعيـة والـتخلص مـن الأنانية.

والألعـاب الثقافيـة التـي تزيد قـدرة الطفـل علـى التخيل والتصور والتذكر وسرعة التفكير لذلك يجب الحرص عند اختيـار ألعـاب الأطفـال أن يؤدي إلى تنشيط دور الطفل مع أقرانه.

* **الألعاب الداخلية والألعاب الخارجية:**

- الألعاب الداخلية: ألعاب الدمى، ألعاب الحل والتركيب، استخدام الألوان والطباشير، ألعاب الدومينو، المسابقات الشعرية، والعزف على الآلات الموسيقى.
- الألعاب الخارجية: اللعب بالرمل، وركوب الدراجة، وألعاب الجري والقفز والأراجيح واللعب بالكرة والحبل.

- **نماذج من الألعاب ومواد اللعب وتنميتها التربوية:**

الألعاب العقلية: وتشمل عدة أنواع من الألعاب أهمها:

(١) لعبة الأزرار:

* المواد المطلوبة:

مجموعة من الأزرار.

* طريقة اللعب:

١- يطلب من الطفل أن يرتبها حسب اللون أو الحجم.

٢- يطلب من الطفل أن يرتبها بعد الأزرار أو يسمى الألوان.

٣- يطلب من الطفل أن يرتب الأزرار حسب الحجم "أكبر، أصغر".

* الهدف من اللعبة:

١- أن يتعرف الطالب على الألوان "أحمر، أصفر.."

٢- المقارنة بينها أكبر، أصغر.

٣- التعرف على العد والعمليات الحسابية والبسيطة.

٤- التصنيف حسب الألوان أو الأشكال أو الأحجام.

(٢) لعبة السلم العددي:

١	٢	٣	٤	٥	٦	٧	٨	٩	١٠	١١	١٢	١٣	١٤	١٥	١٦	١٧	١٨	١٩	٢٠

* الهدف:

اكتساب أنماط رياضية في التفكير.

* مستوي التلاميذ:
تناسب طلاب المرحلة الابتدائية الدنيا.
* المتطلبات المسبقة:

العد الترتيبي.

(٣) لعبة الترتيب:

* الهدف:

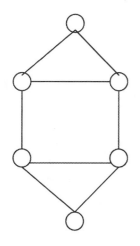

ترتيب الأعداد من ١-٦، بحيث لا يكون خط يصل بينهما عدديها متتالين

(٤) التعرف على الأعداد من ١-٦ للأول الابتدائي:

* المواد المستخدمة: مكعبات خشبية يكتب عليها مجموعة الأعداد من ١-٦.
* الطريقة: تلقي المكعبات ويطلب من الطالب تدوين الرقم الظاهر وتكرر هذه العملية عدة مرات حتى يستطيع الطالب التعرف على الأعداد ١-٦.

(٥) ألعاب تستخدم فيها أحجار النرد:

* الهدف: التعرف على عملية الضرب.
* المواد المستخدمة:

١- حجري نرد.
٢- لوحتان مكتوب عليها حاصل ضرب الأعداد من ١-٦ (١،٢).

* الطريقة: يرمي الطالب حجري النرد ويرى حاصل الضرب ويشطبه عن اللوحة حتى يشكل خط أفقي أو عمودي أو قطري.

٣	٢٥	٦	١٢
٥	١٠	٩	١٦
١٨	١٥	٢٠	٢٤
٣٦	٨	٣٠	٤

١

٥	٩	١٦	٤
٣٦	٣	٢٤	١٥
١٢	١٨	٢٠	٢٠
٢٥	١٠	٦	٨

٢

(٦) التعرف على أنماط من التفكير الرياضي وعلامات الأرقام:

* المواد المطلوبة:

١٥ من عيدان الكبريت، أغطية زجاجات، حب فاصولياء.

* عدد اللاعبين:

٢-٣ لاعبين.

* طريقة اللعب:

يلتقط أحد اللاعبين أي عد من ١٥ مشرط ألا يزيد عن ٣ والذي يلتقط آخر قطعة يكون خسران.

* الأنماط المطلوبة:

١- ٢ ← ٦ ← ١٠

٢- ٣ ← ٧ ← ١١

(٧) من ألعاب الدومينو:

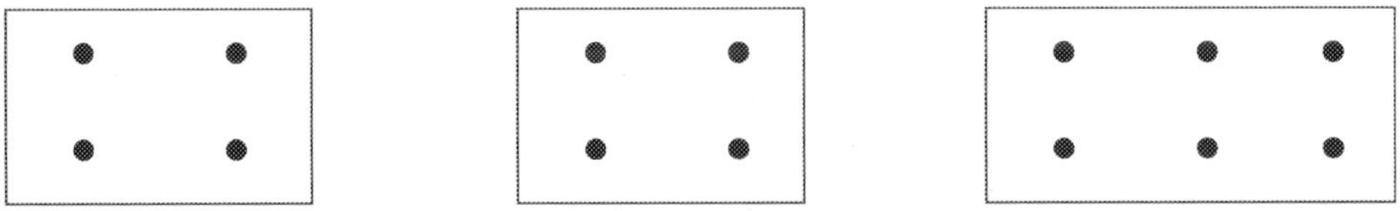

- التي في المجموعة العليا ضعف التي في الأسفل.
- القسم الأعلى يساوي القسم السفلي.

(٨) لعبة الأعداد:

* المواد اللازمة:

١- مجموعة من البطاقات منقطة من ٠ – ١٠.

٢- ٤ مجموعات تحمل الأرقام ٠ – ١٠.

٣- مجموعة بطاقات تحمل إشارة (+).

٤- مجموعة بطاقات تحمل إشارة (-).

* أهداف اللعبة:

١- أن يتعلم التلاميذ العد الصحيح من (١-١٠).

٢- أن يجيدوا استخدام إشارتي (+ ، -).

٣- تنفيذ العمليات بشكل سريع، والمشاركة لإيجاد الحل المناسب.

(٩) لعبة من أنا:

بطاقة اللعبة	بطاقة التصحيح
ماما	ماما
الميزان	الميزان
الرسمة	الرسمة
الحمار	الحمار

* الهدف من اللعبة:

١- أن يتعرف على حرف "م" متصلاً ومنفصلاً.

٢- أن يكتب حرف "م" حسب موقعه.

٣- أن ينطبق الحرف جيدا.

(١٠) لعبة القاموس الصغير:

يشترك فيها طالبان بحيث يحكي الطلاب الأول كلمة مثل أرنب وعلى الطالب الثاني أن يعطي كلمة تبدأ بنهاية الحرف التي انتهت فيها الكلمة السابقة "باب"

* الطالب الأول	الطالب الثاني
سعيد	دخل
لوح	حمام

* الهدف:

١- توسع مفردات الطالب، إنماء الثروة اللغوية.

٢- القدرة على تحليل وتركيب الكلمات.

٣- أن يميز الحرف في أول الكلمة وآخرها.

(١١) أسطوانة الجمع والطرح:

* الهدف:

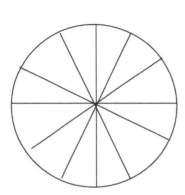

أن يتعلم الطالب القدرة على إجراء العمليات الحسابية المختلفة "الجمع، الطرح، القسمة" والتعرف على الأعداد.

الألعاب الاجتماعية

يطلق على هذه الالعاب بالاجتماعية، لأنه يتطلب عند ممارستها مجموعة من الاطفال، حيث تتمثل على النحو التالي:

أ- لعبة الشرطي واللصوص:

- مدخلات اللعبة ومكوناتها:

يمارس هـذه اللعبـة الـذكور والاناث مـن سـن ١٠ فما فوق ويلعبونها في الساحات العامة ويشترك فيها مجموعة من الأطفال ومكوناتها

١- مجموعة من الأطفال من عدد ٥ فما فوق.

٢- ساحة ملائمة.

٣- أي شيء يمثل الشيء المسروق.

- طريقة ممارستها:

١- يختار الطفل واحد من المجموعة يمثل دور الشرطي.

٢- يقسم الاطفال الى قسمين متساويين ويصفون على شكل خطين مستقيمين مسافة لا تقل عن ٥ أمتار.

٣- يحاول احد الأطفال الذي يمثلون اللصوص بمطاردته.

ب- لعبة صياد السمك:

- مدخلات اللعبة ومكوناتها:

يمارس هـذه اللعبـة الـذكور والاناث مـن سـن ١٠-١٣ سـنة ويلعبونهـا في الشـوارع والسـاحات العامـة ويشـترك فيهـا مجموعـة لا تقـل عـن ١٢ لاعبـاً مدخلاتها

١- ساحات عامة أو ملعب.

٢- كرة.

٣- مجموعة من الأطفال بعدد ١٢ فما فوق.

- طريقة الممارسة:
١- اجراء قرعة بين الفريقين لتحديد دور كل منها.
٢- الفريق الذي يفوز بالقرعة يرتب اعضاءه على شكل محيط دائرة.
٣- يقوم الفريق الفائز بتمرير الكرة بين أعضاء الفريق.
٤- اللاعب الذي تصيبه الكرة من الفريق الوسط عليه ان يخرج من اللعبة.

نماذج من الألعاب الشعبية في الأردن وقيمتها التربوية

من خلال المراجع لدراسة مسحية قام بها الخوالدة سنة ١٩٨٦ كانت بعنوان "اللعب الشعبي عند الاطفال في الاردن"[١]، أكد الباحث على أن هناك علاقة بين نوعية اللعبة التي يمارسها الطفل في البيئة التي ينتمي إليها حيث حدد هذه الألعاب على النحو التالي:-

نماذج من الألعاب الحركية:

(أ) لعبة البلبل (القبانة):

مدخلات اللعبة ومكوناتها:

يمارس هذه اللعبة الأطفال الذكور من عمر ٧-١٢ سنة ويلعبونها في الملاعب والساحات العامة ويشترك في أدائها عدد غير محدود من الأطفال مكوناتها:

١. بلبل ٢. خيط خاص بطول متر ٣. أطفال من ١ فأكثر ٤. الساحات العامة

طريقة ممارستها:

١- تنظيف قطعة من الأرض لتكون مسرحاً للعب البلابل.

٢- يلف كل طفل الخيط على البلبل بشكل منظم ودقيق ويضع الطفل البلبل بين الإبهام والسبابة الوسطى بطريقة دقيقة ثم يقذف البلبل إلى الأمام على الأرض ويشد الخيط وهذه تحتاج إلى مهارة خاصة ويدور البلبل لمدة من الوقت تتوقف على عزم الطفل وإتقان الضربة وصلابة الأرض.

٣- يتبارز الأطفال ويفوز الطفل الذي يتمكن من دوران بلبله مدة أطول.

٤- قد يكون هناك بعض الشروط مثل تمكن الطفل من حمل بلبله وهو يدور على كفه ثم إنزاله الأرض ثانية.

---

(١) محمد الخوالده، اللعب الشعبي عند الأطفال، ص

* دلالاتها التربوية:

١- المجال العقلي:

أ- تساعد الأطفال على اكتساب خصائص ومفاهيم مثل ملاحظة، الدقة، واكتشاف خصائص المواد المستخدمة حيث يزداد الدوران على الأرض الصلبة.

ب- تساعد الأطفال على اكتساب كلمات جديدة وطريقة التعبير والمقارنة بين إمكانيات الأطفال والتمييز بين خصائص المواد وسلوكها مع أدوات اللعب.

٢- المجال الوجداني والاجتماعي:

أ- تساعد الأطفال على اكتشاف قدراتهم الذاتية وقدرات الآخرين واحترام الرفاق والتخلص من القلق والتوترات واكتساب صداقات جديدة والرغبة في المنافسة وتقبل الهزيمة والتقيد بشروط اللعبة وقوانينها.

٣- المجال الحس حركي:

تكسب الطفل مهارات حركية مثل لف الخيط والتهديف وقذف البلبل على الأرض وهذه المهارات تكسب الطفل مهارات حركية أدائية تساعد على إتقان العمل الحركي والتآزر والتوازن وغير ذلك.

(ب) لعبة التأرجح التوازني (سي سو):

مدخلات اللعبة ومكوناتها:

يمارس هذه اللعبة الأطفال الذكور والإناث من ٧-١٢ سنة ويلعبونها في حدائق عامة ويشترك في اللعبة طفلان فقط وتتكون من:

١. نقطة ارتكاز   ٢. لوح خشب   ٣. طفلان متكافئان في الوزن

* طريقة ممارستها:

١- توضع قطعة الخشب فوق نقطة الارتكاز بشكل متوازن.

٢- يقعد كل طفل على طرف من أطراف اللوح الخشبي.

٣- يحاول كل منها أن يرفع زميله مستعملاً ثقله وعزمه إلى أسفل.

٤- الطفل الذي يرفع زميله إلى أعلى هو الفائز.

* دلالاتها التربوية:

(١) المجال العقلي:

١- زيادة إدراك الأطفال الخصائص الأشياء وفهم معنى التوازن ومركز الثقل.

٢- اكتساب استراتيجيات لحل المشكلات واكتساب خبرات في التعامل ومع الأشخاص.

٣- اكتساب الأطفال بمعنى التجربة ومفهوم العلاقة بين الكتلة والوزن.

(٢) المجال الوجداني:

١- يخرجه من التركيز حول الذات ويكسبه المعنى الاجتماعي بالتفاعل واكتساب صداقة جديدة وتقدير الآخرين واحترام قدراتهم وإمكاناتهم وتعديل مفهوم الذات.

٢- الالتزام بالقواعد والمعايير الخاصة باللعبة واكتساب الطفل مجموعة من القيم المتعلقة بالتحدي والاحتمال.

(٣) المجال الحس حركي:

١- إكساب جسم الطفل الحيوية والمرونة وتقوية العضلات.

٢- التآزر والتوازن والسيطرة على الحركة.

٣- إكساب الطفل حركات جديدة تساعد على التكيف مع الموقف.

٤- إزالة التوترات النفسية وتصريف الطاقة الزائدة وتسلية الطفل.

نماذج من الألعاب الإيهامية:

(أ) لعبة الشرطي واللصوص:

* مدخلات اللعبة ومكوناتها:

يمارس هذه اللعبة الأطفال الذكور والإناث من سن ١٠ فما فوق ويلعبونها في الساحات العامة ويشترك فيها مجموعة من الأطفال.

مكوناتها:

١- مجموعة من الأطفال من عدد ٥ فما فوق.

٢- ساحة ملائمة.

٣- أي شيء يمثل الشيء المسروق.

* طرق ممارستها:

١- يختار الطفل واحد من المجموعة يمثل دور الشرطي.

٢- يقسم الأطفال إلى قسمين متساويين ويقفون صفاً صفاً على شـكل خطين مستقيمين وبينهما مسافة لا تقل عن ٥ أمتار.

٣- يقف الشرطي وسط المسافة بين الصفين.

٤- يحاول أحد الأطفال الذين يمثلون اللصوص بمطاردته.

* دلالاتها التربوية:

- المجال العقلي:

١- إكساب الطفل قدرة كلامية وتساعد الأطفال على التخيل والتصور والإدراك للعلاقات ومفاهيم فكرية عن وظيفة الشرطي.

٢- إكساب الأطفال القدرة على الاكتشاف والاستقصاء والبحث.

- المجال الوجداني والاجتماعي:

١- تساعد الأطفال على تقدير عمل الفريق الجماعـي وإدراك أهميـة الـدور الاجتماعي.

٢- تساعد الأطفال على اكتساب صداقات جديدة وتشكيل اتجاهـات سـلبية نحو الأعمال الشريرة مثل السرقة.

٣- تساعد الأطفال على تقدير القيم الأخلاقية داخل المجتمع وتشجع الناحية الاجتماعية.

٤- تساعد الأطفال على تفريغ التوترات النفسية وإدخال البهجة والسرور إلى نفوسهم.

- المجال الحس حركي:

١- إكساب الأطفال مهارات حركية أدائية معينة مثل الركض المناولة الالتقاط القذف الاستقبال.

٢- إن لعبة الشرطي واللصوص لها دلالات تربوية تساعد الأطفال على إنماء شخصياتهم بأبعادها العقلية والوجدانية والحركية.

(ب) لعبة صياد السمك:

* مدخلات اللعبة ومكوناتها:

يمارس هذه اللعبة الأطفال الذكور والإناث من سن ١٠-١٣ سنة ويلعبونها في الشوارع والساحات العامة ويشترك فيها مجموعة لا تقل عن ١٢ لاعبا، مدخلاتها:

١- ساحة عامة أو ملعب.

٢- كرة.

٣- مجموعة من الأطفال بعدد ١٢ فما فوق.

* طريقة ممارستها:

١- إجراء قرعة بين الفريقين لتحديد دور كل منهما.

٢- الفريق الذي يفوز بالقرعة يرتب أعضاءه على شكل محيط دائرة.

٣- يقوم الفريق الفائز بتمرير الكرة بين أعضاء الفريق.

٤- اللاعب الذي تصيبه الكرة من الفريق الوسط عليه أن يخرج من اللعبة.

* دلالاتها التربوية:

- المجال العقلي:

١- إدراك العلاقات بين القوة والزمن والفعل ورد الفعل ودقة الملاحظة والقدرة على التسديد.

٢- المبادرة وسرعة التفكير والاستقلال وإدراك خصائص الظروف الخارجية.

٣- اكتساب خبرات معرفية وتوسيع الذاكرة والتعبير الحر وزيادة فرص التحدي.

- المجال الوجداني والاجتماعي:

١- زيادة الانتباه والتركيز وتقدير الذات والآخرين والتكيف.

٢- اكتساب الاحتمال والولاء للجماعة والالتزام بمعايير وقواعد اللعبة.

٣- اكتساب روح العمل الجماعي وتنمية الشعور بالكفاءة والجماعية.

٤- اكتساب خصائص تنظيمية واعية للسلوك وقبول الأدوار والقيادة والتبعية.

- المجال الحسي حركي:

١- زيادة نمو المهارات الحركية ونضع الجهاز العصبي والعضلي.

٢- الدقة في الحركة والأداء والتوازن والتآزر بين حركة اليد والكرة والأحداث.

٣- تصريف الطاقة الزائدة.

الألعاب الترويحية

* لعبة شد الحبل:

تمارس هذه اللعبة من الأطفال الذكور في سن (١٠-١٣) ويستطيع ممارستها الكبار ويكون فيها فريقين، الفريق الأيمن والفريق الأيسر ـ والحكم بين الفريقين ويقوم كل فريق بها لشده باتجاه وعندما يصفر الحكم يعلن الفائز الذي كان أفضل في شد الحبل.

* ولهما دلالات تربوية منها:

١- إدراك مفاهيم علمية جديدة تتعلق بمعنى القوة والشدة والانسجام.

٢- اكتشاف خصائص المواد التي تدخل في اللعبة مثل الحبل.

* وفي المجال الوجداني والاجتماعي:

١- تكسب الأطفال معنى الوحدة والتماسك والعمل مع الزملاء.

٢- تساعد على تنمية الانتماء إلى الجماعة والتضحية.

٣- قبول فكرة الانتصار أو الالتزام في إطار الجماعة.

* في المجال الحس-حركي:
١- إكساب الأطفال مواقف لتدريب عضلات الجسم وتقويمها وإنضاجها.
٢- إكساب الأطفال مهارة حركية في طريقة الشد والتنسيق والتآزر حسب حركي.

*** لعبة "شفت القمر":**

تمارس هذه اللعبة من قبل الإناث والذكور من أعمار ٨-١٢ سنة ويلعبونها في أثناء الليالي المقمرة طفلان أو طفلتان. ويقف الطفلان بصورة معاكسة للآخر.

* ودلالاتها التربوية:

هي لعبة حركية ترفيهية رياضية يستخدمها الأطفال للمتعة والترويح.

*** في المجال العقلي:**

١- تساعد الأطفال على التخيل والتأمل والتفكير.
٢- تساعد الأطفال على اتقان ألفاظهم.

*** في المجال الوجداني والاجتماعي:**

١- اكتساب الأطفال اتجاهات اجتماعية إيجابية مثل التعاون وتبادل الأدوار.
٢- اكتساب صدقات جديدة ومعايير لاختيار القائم على التكافؤ.

*** في المجال الحس حركي:**

١- تكسب الأطفال مهارات حركية وتمرين عضلات الجسم.
٢- تنسيق الحركات وتنظيمها.

الألعاب الثقافية

*** لعبة جماد وأحياء:**

يمارس هذه اللعبة من الأطفال الذكور أو الإناث من سن ١٠-١٣ وتمارس داخل المنزل.

*** في المجال العقلي:**

١- معرفة لأسماء الجمادات والحيوانات والنباتات.
٢- تزيد من قدرة الأطفال على التذكر والاستدعاء والربط.

٣- تزيد من وعي الأطفال ودقتهم وانتباههم وقدرتهم على التخيل والتصور.

٤- حل المشكلات والتغلب عليها.

* في المجال الوجداني والاجتماعي:

١- التعاون في اللعب الجماعي.

٢- قبول مبدأ التحدي والمنافسة والرغبة في التغلب والانتصار.

٣- اكتشاف مفهوم الذات.

* في المجال الحس حركي:

١- إنماء سرعة التنظيم والاستجابة والحركة.

٢- سرعة الكتابة ودقتها.

٣- التآزر بين الذاكرة والعقل واليد والقلم والبصر.

* لعبة الخارطة:

يمارس هذه اللعبة الأطفال الذكور من فئة عمر ١٠-١٥ سنة يلعبونها في الخلاء والعدد ١٠ أشخاص.

* في المجال العقلي:

١- تساعد الأطفال على إدراك المجهول من المعلوم ومهارات البحـث عـن الأشياء.

٢- تساعد على حل المشكلات وتنظيم التفكير.

٣- تساعد على تكوين التفكير الاستدلالي والاستقرائي.

٤- تنمي مهارة الملاحظة واليقظة والانتباه والدقة والتمييز والتخيل.

* وفي المجال الوجداني والاجتماعي:

١- تساعد في تشكيل مفهوم الذات وإمكاناتها عند الطفل.

٢- تساعد الأطفال في الخروج من إطار التمركز حول الذات إلى الجماعة.

٣- التعاون مع الآخرين واكتساب خصائص اجتماعية مثل روح الفريق والعمل مع الآخرين.

٤- القدرة على التكيف مع الظروف الخارجية.

٥- الالتزام بالنظام وقواعد اللعبة يؤدي الى النمو الأخلاقي.

* في المجال الحس حركي:

١- تساعد على اكتساب مهارات حركية كالركض والقرفصة والثني والانحناء.

٢- تقوية الحواس كالسمع والبصر.

٣- رسم الخرائط وتحديد الأماكن.

تطبيقات تربوية على فوائد اللعب

إن للعب أهمية كبيرة في حياة الطفل، لذا فقد جرى توظيفه ليكون طريقة من طرق التعليم ولكن لألعاب مختلفة، فمنها ما يدخل في تنمية العديد من المهارات كالألعاب الحركية والألعاب الإيهامية التي تنمي الإبداع والخيال لدى الطفل ومنها الألعاب الترويحية التي تبعد عن الطفل الحيرة والملل والألعاب الثقافية التي تؤدي إلى استخلاص الألعاب والخبرات التعليمية.

والمحلل لهذه الألعاب يجد أنها تنمي الجانب العقلي وكذلك الجانب الوجداني والجانب الحركي والاجتماعي لدى الطفل.

* ومن هذه الفوائد:

١- تثري مفاهيم الطفل اللغوية والاجتماعية.

٢- القضاء على الروتين والملل.

٣- زيادة دافعية التعلم لدى الأطفال.

٤- تكسبهم معنى التعاون واللعب مع الجماعة.

٥- إبعاد الأطفال عن التمركز حول الذات.

٦- تقوية عضلات الجسم.

٧- تقوية الحواس كالسمع والبصر.

خلاصة

تم استعراض في هذه الوحدة نماذج من الالعاب ومواد اللعب، حيث يعد ذلك هاماً في اساسيات اللعب، خاصة في الالعاب العقليـة والاجتماعيـة والثقافية، حيث يمكن توضيح ذلك بالنموذج رقم (٢٤-١٣).

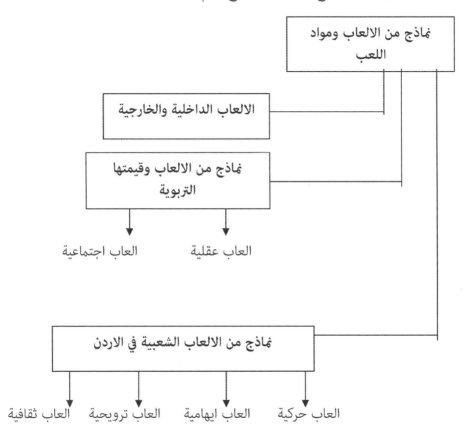

المصادر والمراجع

١- بلقيس (أحمد)، مرعي (توفيق). الميسر في سيكولوجية اللعب، الطبعة الأولى، عمان: مطبعة حطين، ١٩٨٢,

٢- توق (محي الدين)، لماذا يلعب الطفل وكيفية اختياره للعبة، مجلة العربي، عدد (٤) مايو ١٩٧٨.

٣- الخوالدة (محمد) اللعب الشعبي عند الأطفال، الطبعة الأولى، عمان:مطبعة رفيدي، ١٩٨٧.

خاتمة الكتاب العامة

لقد تطرق هذا الكتاب في وحداته السابقة إلى **سيكولوجية اللعب واثرها في تعلم الاطفال**، ممثلاً ذلك بتعريف اللعب والآراء والاتجاهات التي تدور حول هذا التعريف، ومفهوم اللعب والنظريات السيكولوجية التي حاولت تفسير ذلك. وارتباط اللعب بالنمو الحركي والعقلي والسيكولوجي للطفل، كما أن هناك أثراً واضحاً للعوامل الاخرى، ممثلاً ذلك بالصحة والنمو للطفل، والتنشئة الاجتماعية التي يتلقاها الطفل، كما تم التطرق لعلاقة اللعب بالاستطلاع الذي يعد من الأمور الاساسية في تفسير هذا الموضوع، كما وجد أن هناك علاقة بين تطور الاجتماعي واللعب، الذي انبثق عنه اللعب الجماعي والتنافسي والايهامي، كما كان هناك علاقة وطيدة بين اللعب والتقليد، حيث تمثل ذلك في كل من الملاحظة والنمذجة ومدى تأثير ذلك إلى ممارسة اللعب واتجاهاته. كما وجد من خلال عرض هذا الكتاب بان هناك عوامل مؤثرة في التقليد، ممثلاً ذلك في لعب الادوار، كما تم توضيح اسس تنظيم اللعب في كل من رياض الاطفال والمرحلة الابتدائية ممثلاً ذلك في طبيعة الالعاب وتنظيمها في رياض الاطفال، وكذلك بالنسبة للمرحلة الابتدائية، كما تم التطرق إلى استغلال اللعب في التربية والعلاج النفسي واثره في تنمية الجوانب المختلفة عند الاطفال، وأهمية اللعب في حياة الطفل من الوجهة النفسية والتربوية، ونماذج من الالعاب ومواد اللعب خلاصة القول، إن هذا الكتاب جاء ليحقق أهداف من أهمها التعرف على اللعب من جميع جوانبه، والتعرف على انواع مختلفة للعب، والالمام في أهم النظريات التي فسرت اللعب، وأهمية اللعب في تنمية شخصية

الطفل، والتعرف من خلاله على أهم المشكلات التي يعاني منها الاطفال، والتعرف إلى أهم الالعاب التي يمارسها في الاردن.

من خلال عرض الموضوعات التي جاء بها الكتاب، يمكن القول

١- أن للعب أهمية في تعريف كل من الآباء والمربين في أهمية اللعب في عملية التعليم.

٢- يمكن القول بأن اللعب يؤدي الى زيادة دافعية الأطفال نحو التعليم، وهذا يكون عن طريق التعزيز واستخدامه من خلال سياق اللعبة.

٣- ينمي حب الاستكشاف لدى الطفل، وهذا بدوره يؤدي الى تنمية الناحية المعرفية.

٤- يؤدي الى كسر العزلة لدى الأطفال الذي لديهم مشكلات نفسية، فمن خلال لعبه مع الآخرين يؤدي إلى معالجة هذه الناحية.

٥- أن اللعب يخلص الطفل من التوترات النفسية وهذا ما يطلق باللعب الدرامي (Psycho drama)

٦- يمكن أن يستفيد المعلم من اللعب في بناء استراتيجيات تربوية تعليمية تؤدي الى زوال الملل لدى الطفل وتؤدي الى زيادة تحصيله وقبوله للموقف التعليمي.

وفي النهاية يمكن أن يكون هذا الكتاب في طبعته الاولى محاولة جادة في تحديد الاسس العامة المنهجية التي تساعدنا في تفعيل سيكولوجية اللعب في تعلم الطفل وتطويره من ناحية جسدية عقلية نفسية.

فهرس الاعلام

فهرس المصطلحات

- **إستجابة خاطئة:** مجموعة ردود الافعال تجاه موقف معين ولكن بصورة غير صحيحة	٤٥، ٤٦
- **إستجابة شرطية:** ردود الفعل التي تقوم بها العضوية عندما يرتبط المثير الطبعي مع المثير الحيادي	٤٧ ، ٤٨
- **إكتساب معرفة:** نعني به قدرة الطفل على الفهم والاستيعاب لمجموعة المعلومات التي يتلقاها	٥٢، ٥٣
- **إحتياجات نمائية:** نعني به متطلبات الحياة للطفل، ممثلاً في التغذية ومكافحة الامراض.	٣١، ٣٥
(ب)	
- **بناء شخصية:** مجموعة العوامل التي تساعد على تشكيل سلوك الفرد بشكل أفضل، بحيث يكون متكيفاً مع البيئة التي ينتمي إليها.	٤١، ٤٣
(ت)	
- **تداعي حر:** مجموعة الاستجابات التي يقوم بها الأطفال حول موقف معين دون قيود.	٤٢، ٤٣
- **تعزيز:** مصطلح جاءت به النظرية السلوكية ونعني به اضافة مثير او شيء مرغوب فيه للطفل، بهدف زيادة سلوك مرغوب فيه.	٤٧، ٤٩
- **التمثل:** مصطلح جاءت به النظرية المعرفية ونعني به استيعاب البيئة الخارجية من قبل البيئة المعرفية	٤٥، ٤٦
- **التكيف:** مفهوم جاءت به النظرية المعرفية ونعني به التوازن لاستيعاب الموقف ككل.	٥٦، ٥٧

- **التكوين:** نعني به تشكيل السلوك او بناءه من خلال الاطار العام ككل.	٣١، ٣٥
- **التنويم المغناطيسي:** تقنية جاءت بها نظرية التحليل النفسي تقوم على الاسترخاء والايحاء.	٣٥، ٤٠
- **التغير:** ونعني به الانتقال من حالة إلى حالة وهذا ما يحدث في اللعب الذي يمارسه الاطفال.	٩٩، ١٠٠
- **التنوع:** عدم وجود الثبات في اللعب بل يوجد اختلافات وتباينات في اللعبة الواحدة.	٩٩، ١٠٢
- **التغير والتجديد:** مجموعة الاحداث التي تجري ضمن اللعبة تؤدي إلى تغيرها وتجديدها.	١٠٣، ١٠٤
- **تغير وهمي للعب:** حدوث بعض التقلبات ضمن اللعبة بحيث يؤدي إلى عدم تغيرها.	١٠٦، ١٠٨
- **تعليم مهارات:** مجموعة الادارات المتسلسلة التي يتلقاها الطفل لكي يتقن مهمة معينة.	١١٤، ١١٥
- **تشخيص:** نعني الكشف عن الاسباب والمسببات التي أدت إلى حدوث هذه الظاهرة.	١٢٥، ١٢٦
- **التفزيع الانفعالي:** مجموعة السلوكات التي يقوم بها الطفل خلال اللعبة بهدف تفريغ طاقة نفسية معينة.	١٣٠، ١٣٢
- **التعبير الايهامي:** إظهار سلوك الطفل من خلال اللعب الخيالي	١٣٥، ١٣٧
- **التخيل كمظهر للنمو العقلي:** نعني به مجموعة من التفكيرات الخيالية التي تؤدي إلى النمو المعرفي.	١٥٠، ١٥٢
- **التنظيم الذاتي:** مجموعة الانشطة التي تؤدي إلى إعادة اعتبار الذات لدى الطفل.	١٥٤، ١٥٧